Fußball in München

Kleine Münchner Geschichten

Herausgegeben von
Thomas Götz

Robert Schöffel

Fußball in München

Eine Stadt zwischen Rot und Blau

Verlag Friedrich Pustet
Regensburg

»MÜNCHEN WILL GAR NICHT ERÖRTERT, MÜNCHEN WILL GELEBT UND GELIEBT SEIN.« Wer möchte Ernst Heimeran (1902–1955), dem dieses so urmünchnerisch klingende Leitmotiv zugeschrieben wird, ernsthaft widersprechen? Doch vielleicht wird man ihn ergänzen dürfen, ihn, den großen Verleger und Autor, der in Schwabing das Gymnasium besuchte und wie viele als „Zuagroaster" in München Wurzeln schlug: Die Liebe zur ersten oder zweiten Heimat schließt die Kenntnis über sie nicht aus – und umgekehrt.

Die Geschichte einer Stadt ist ebenso unerschöpflich wie die Geschichten, die in ihr spielen. Ihre Gesamtheit macht sie unverwechselbar. Ob dramatische Ereignisse und soziale Konflikte, hohe Kunst oder niederer Alltag, Steingewordenes oder Grüngebliebenes: Stadtgeschichte ist totale Geschichte im regionalen Rahmen – zu der auch das Umland gehört, von dem die Stadt lebt und das von ihr geprägt wird.

München ist vergleichsweise jung, doch die über 850 Jahre Vergangenheit haben nicht nur vor Ort, sondern auch in den Bibliotheken Spuren hinterlassen: Regalmeter über Regalmeter füllen die Erkenntnisse der Spezialisten. Diese dem interessierten Laien im Großraum München fachkundig und gut lesbar zu erschließen, ist das Anliegen der *Kleinen Münchner Geschichten* – wobei *klein* weniger kurz als kurzweilig meint.

So reichen dann auch 140 Seiten, zwei Nachmittage im Park oder Café, ein paar S- oder U-Bahnfahrten für jedes Thema. Nach und nach wird die Reihe die bekannteren Geschichten neu beleuchten und die unbekannteren dem Vergessen entreißen. Sie wird die schönen Seiten der schönsten Millionenstadt Deutschlands ebenso herausstellen wie manch hässliche nicht verschweigen. Auch Großstadt kann Heimat sein – gerade wenn man ihre Geschichte(n) kennt.

DR. THOMAS GÖTZ, *Herausgeber der Buchreihe, lehrt Neuere/Neueste Geschichte an der Universität Regensburg und forscht zu Stadt und Bürgertum in der Neuzeit.*

Inhalt

„Rot“ und „Blau“ – es ist kompliziert

Schon Jean-Paul Sartre wusste: „Bei einem Fußballspiel verkompliziert sich alles durch die Anwesenheit der gegnerischen Mannschaft.“ So gesehen ist die Situation in München besonders kompliziert, denn hier stehen mit dem TSV 1860 München und dem FC Bayern München zwei benachbarte Vereine in unmittelbarer Konkurrenz um die Gunst des Publikums. Die sportliche Situation ist heute eine klare Angelegenheit: Der FC Bayern ist der unangefochtene Krösus im deutschen Fußball; diesen Status zementierte der Rekordmeister im Jahr 2014 mit der frühesten Meisterschaft – bereits am 27. Spieltag – der 51-jährigen Bundesligageschichte. Der TSV 1860 dagegen durchlebt seit langem wechselvolle Zeiten. Doch für die Geschichte des Fußballs in der Stadt sind beide Vereine von großer Bedeutung, gerade durch ihre Konkurrenz haben sie die Entwicklung beständig vorangetrieben, und nicht nur auf dem Fußballplatz haben sich die Wege der „Roten“ und „Blauen“ immer wieder gekreuzt. Miteinander geht es zwar nicht, ohne einander aber noch viel weniger – so viel steht fest.

Die Geschichte des Münchner Fußballs ist aber nicht nur eine des FC Bayern und des TSV 1860 München, sondern auch eine der Menschen in der Stadt, die sich gegen alle Widerstände früh für diesen Sport begeisterten, auch zu Kriegszeiten nicht vom runden Leder lassen konnten und immer wieder für neue Rekordzahlen in den Stadien sorgten. Nicht nur einmal schlitterte die Stadt wegen des ungeheuren Zuschauerandrangs haarscharf an einer Katastrophe vorbei, die viele Menschenleben hätte kosten können. Zum Glück ist eine Tragödie wie im Hillsborough-Stadion von Sheffield oder im Heysel-Stadion von Brüssel in München bislang ausgeblieben. Wenn sich Dramen abspielten, dann waren sie meistens sportlicher Natur – und an bitteren Niederlagen ist der Fußball an der Isar mindestens genauso reich wie an großen Triumphen.

Eine Massensportart wie der Fußball prägt natürlich auch das Stadtbild: Mit dem Grünwalder Stadion, dem Olympiastadion und der Allianz Arena kann man in München gleich drei prägnante Spielorte besichtigen – jeder von ihnen steht für eine ganz bestimmte Ära und hat einen wichtigen Teil der Münchner Fußballgeschichte mitgeschrieben. Daneben gibt es aber noch andere Plätze, deren Schicksal weitgehend unbekannt ist oder die längst aus dem Stadtbild verschwunden sind. Denn die Platznot in der boomenden Stadt München sorgte bereits Anfang des 20. Jahrhunderts für Sorgenfalten in den Gesichtern der Fußballer. Dieses Problem hat sich bis heute noch verschärft; vor allem der Breitensport und der Frauenfußball müssen darunter leiden. Auch das ist Fußball in München.

Zweifellos, der deutsche Fußball wäre ohne die Münchner Vereine unvollständig, die Stadt München ohne sie um einiges ärmer an spannenden Anekdoten, bitteren Niederlagen und großen Triumphen. Und das Schöne ist, dass trotz aller Komplikationen in einer Stadt wie München am Ende alles auf die entscheidenden 90 Minuten auf dem Rasen hinausläuft. Und die sind wiederum recht einfach zu beschreiben, wie schon Franz Beckenbauer wusste: „Ja gut, es gibt nur eine Möglichkeit: Sieg, Unentschieden oder Niederlage." Der „Kaiser" muss es wissen, schließlich ist er ein Münchner.

Die „englische Krankheit“ infiziert München

Der Fußball hat eine Geschichte, die mehrere Tausend Jahre zurückreicht. Bis es zu einem gepflegten Spiel mit klaren Regeln kam, galt es aber viele Schwierigkeiten zu überwinden. Nach München schwappte der „englische Sport“ erst relativ spät herüber, und er hatte es zu seinen Anfangszeiten alles andere als leicht.

Von der Massenprügelei zum modernen Sport

„Football's coming home“ – was die britische Band „Lightning Seeds“ 1996 anlässlich der Fußball-Europameisterschaft in England sang, wurde zwar zu einer der größten Hymnen des Sports überhaupt, war aber nicht ganz korrekt. Zwar lässt sich die Frage, wo das erste Mal Fußball gespielt wurde, nicht mehr eindeutig beantworten, denn fast jede alte Kultur ging ihrer eigenen Art des Ballspiels nach. Vieles deutet jedoch darauf hin, dass der populärste Sport unserer Zeit in Fernost das Licht der Welt erblickte. Schon vor über 4000 Jahren, so nimmt man an, wurde im heutigen China einem Ball nachgejagt. So zeigen prähistorische Felsmalereien in der chinesischen Provinz Yunnan Personen bei der Ausübung eines Sports, dessen Ziel es war, eine mit Stoff oder Federn ausgestopfte Lederkugel mit dem Fuß in ein Tor zu befördern. So gesehen hat sich in den vergangenen Jahrtausenden am Grundprinzip des Fußballs wenig geändert.

Auch aus Ägypten, Mittelamerika, Griechenland, Japan, Rom und dem Florenz der Renaissance sind Spiele überliefert, die als Vorgänger des Fußballs gelten. Gemein hatten die Sportarten das Spielgerät – und oftmals einen Mangel an Regeln. Erlaubt war fast alles, um an den Ball zu kommen. Wie eine Variante des Spiels im Mittelalter ausgesehen haben könnte, zeigt der heute noch in der englischen Grafschaft Derbyshire zelebrierte „Royal Shrovetide Football“: Ein Spielfeld von mehreren Kilometern Länge wird von mehreren Hundert Spielern beackert; Körperkontakt ist ausdrücklich erwünscht, nur Mord und Totschlag sind verboten. Bisweilen glich das Spiel in der Vergangenheit mehr einer Massenprügelei denn einer Sportveranstaltung. Hinzu kamen Lärm, Zerstörungswut und Alkoholexzesse – testosterongeschwängerte Szenen, die man auch heute noch von den gefürchteten britischen „Hooligans“ kennt.

Den Herrschern auf der Insel war das brutale Treiben schon damals ein Dorn im Auge. 1314 ließ König Eduard II. den Fußball offiziell verbieten und sorgte damit paradoxerweise für die erste urkundliche Erwähnung des Spiels. Mehrere seiner Thronfolger versuchten ebenfalls, den Sport zu unterbinden, was die Frühgeschichte des Fußballs somit auch zu einer Geschichte von Verboten macht.

Diese blieben aber, wie man unschwer erahnen kann, erfolglos. Im Gegenteil: Über die Jahrhunderte wurde das Spiel in verschiedenen Varianten weiter ausgeübt und fand schließlich den Weg in die öffentlichen Schulen des Königreichs. Diese wurden zur idealen Brutstätte, um aus dem rohen, männlichen Treiben ein geregeltes Spiel zu formen. Immer mehr junge Briten waren von diesem Sport fasziniert, und nicht wenige von ihnen entdeckten eine Leidenschaft, die sie ihr ganzen Leben nicht mehr loslassen sollte.

Als im 19. Jahrhundert der Ruf nach einheitlichen Regeln laut wurde, traf sich 1863 eine Gruppe fußballbegeisterter Vertreter der Schulen in der Londoner „Freemasons Tavern“. Leidenschaftlich wurde in mehreren Sitzungen darüber diskutiert, wie ein allgemeingültiges, verbindliches Regelwerk aussehen könnte. Eine Einigung gestaltete sich allerdings schwierig, denn nicht alle waren damit einverstanden, dass der Ball in Zukunft nicht mehr mit der Hand gespielt werden sollte. Mehrere Männer verließen die Zusammenkunft, da sie nicht von den im Jahr 1846 im mittelenglischen Ort Rugby schriftlich fixierten Regeln abweichen wollten. Die elf verbliebenen Repräsentanten der Sportvereine verständigten sich schließlich auf eine Erweiterung des 1848 in Cambridge und 1858 in Sheffield ent-

Straßenfußball im London des 18. Jahrhunderts

wickelten Katalogs, der unter anderem das Treten, Beinstellen, Halten und das Tragen des Balls mit der Hand untersagte. Zudem sorgten sie für einen festen organisatorischen Rahmen der Fußballspiele. Die Football Association (FA), der erste nationale Fußballverband der Welt, war somit gegründet – und England damit doch irgendwie zum Mutterland des modernen Fußballs geworden.

Die Regeln von 1863 (Auszug)

- Die maximale Länge des Spielfeldes beträgt 200 Yards (183 m), die maximale Breite 100 Yards (91 m), die Länge und Breite werden mit Fahnen markiert, das Tor wird durch zwei senkrechte Pfosten gebildet, acht Yards (7,3 m) auseinander, ohne Band oder Latte zwischen ihnen.
- Zur Seitenwahl findet ein Münzwurf statt, das Spiel wird mit einem Anstoß von der Mitte des Platzes durch die Seite, die den Münzwurf verloren hat, begonnen; die andere Seite darf sich dem Ball nicht auf mehr als 10 Yards (9,1 m) nähern, bis der Anstoß erfolgt ist.
- Wenn ein Tor erzielt wurde, führt der Verlierer einen Anstoß durch, die beiden Mannschaften wechseln nach jedem erzielten Tor die Seiten.
- Ein Tor ist erzielt, wenn der Ball zwischen den Pfosten oder über dem Raum zwischen den Pfosten (egal in welcher Höhe) passiert, er darf hierbei jedoch nicht geworfen oder getragen werden.
- Es sind weder Beinstellen noch Treten erlaubt, zudem ist es keinem Spieler erlaubt, seinen Gegner mit den Händen zu halten oder zu stoßen.
- Kein Spieler darf den Ball mit den Händen werfen oder einem anderen Spieler weitergeben.
- Kein Spieler darf den Ball mit den Händen vom Boden aufheben, unter welchem Vorwand auch immer, solange er im Spiel ist.
- Kein Spieler darf Nägel, Eisenplatten oder Guttapercha (Naturlatex, Anm. d. Autors) auf den Sohlen oder Absätzen seiner Stiefel tragen.

Startschwierigkeiten an der Isar

Dank der einheitlichen Regeln entwickelte sich der Fußball rasch zu einer Sportart, die in England die breite Masse begeisterte. Bereits 1872 kam es zum ersten Länderspiel zwischen einer schottischen und einer englischen Auswahl; die Partie vor 4000 Zuschauern endete mit einem mageren 0:0. Britische Geschäftsleute und Studenten exportierten das Ballspiel bald auch nach Kontinentaleuropa, wo sich der Sport wie eine Epidemie verbreitete. Vor allem in der Schweiz, Dänemark und den Niederlanden fiel der Ball auf fruchtbaren Boden, und so ließen die ersten Vereins- und Verbandsgründungen dort nicht lange auf sich warten.

In Deutschland, und vor allem in München, hatte es der Fußball dagegen deutlich schwerer. Die konservativ eingestellten Turnvereine mit Friedrich Ludwig Jahn (1778–1852) als geistigem Vater betrachteten den neuen Sport als „Fußlümmelei", „blutiges Spiel" oder gar als „englische Krankheit", die ganz und gar nicht geeignet war, „dem Vaterlande ganze, tüchtige Männer zu erziehen", wie es im „Handbuch der Deutschen Turnerschaft" (1884) heißt.

Hinzu kam der intensivierte Kampf um die Kolonien, der in Deutschland eine anti-englische Haltung hervorrief – und damit auch eine ablehnende Einstellung gegenüber dem englischen Sport. Die wenigen Fußballspiele, die ab den 1870er-Jahren auf deutschem Boden stattfanden, wurden deshalb zunächst fast ausschließlich von ausgewanderten Briten veranstaltet. Auch die ersten Vereinsgründungen waren oftmals den Zuwanderern von der Insel zuzuschreiben, wie die Klubnamen verrieten: So gilt beispielsweise der Dresden English Football Club (1874) als einer der ersten Fußballvereine in Kontinentaleuropa. Da es in München – anders als etwa in Hamburg oder Berlin – keine größeren Kolonien von Engländern gab, wurde die in vielen anderen Bereichen boomende Stadt in Sachen Fußball zum Spätzünder.

Mitglieder von „Terra Pila" auf der Theresienwiese, 1906

Der deutsche Fußballpionier Konrad Koch

Der Lehrer Konrad Koch (1846–1911) gilt als derjenige, der dem Fußball in Deutschland zum Durchbruch verhalf. Am 29. September 1874 soll er an einem Braunschweiger Gymnasium ohne vorherige Erklärungen einen Rugby-Ball unter die Schüler geworfen haben. Sein Ziel war es, die Schüler mittels Bewegung an der frischen Luft von „Stubenhockertum" und Kneipenbesuchen abzuhalten. Mitnichten wollte er eine Konkurrenz zum Turnsport aufbauen, vielmehr sah er den Fußball als dessen Ergänzung an. Ein Jahr nach dem ersten Fußballspiel unter seiner Leitung legte er das erste Regelwerk in deutscher Sprache vor. Zudem bemühte er sich, das „englische" Spiel gegen deutschnationale Anfeindungen in Schutz zu nehmen. Er führte deshalb Begriffe aus dem Militär wie Verteidigung, Angriff, Stürmer, Strafstoß und Attacke ein. Sie werden bis heute in der Fußballsprache verwendet und ebneten dem Sport den Weg zum gesellschaftlichen Durchbruch in Deutschland.

Erst als 1889 in München das Deutsche Turnfest stattfand, hatte sich an der Isar die Erkenntnis durchgesetzt, dass mit dem Fußball eine neue Sportart auf dem Vormarsch war. Im Rahmen der Festlichkeiten auf der Theresienwiese war deshalb ein Demonstrationsspiel geplant – bezeichnenderweise zwischen dem ATV Leipzig und Orion London, da es in München noch keinen einzigen Fußballverein gab. An den örtlichen Schulen wurde jedoch sehr wohl bereits Fußball gespielt, wenn auch auf ungewöhnliche Art und Weise. So stand für die ersten und zweiten Gymnasialklassen im Schuljahr 1879/80 ein Geschicklichkeitsspiel ohne Wettkampfcharakter auf dem Lehrplan, bei dem es galt, einen Ball durch gegenseitiges Zuspielen möglichst lange in der Luft zu halten.

Am 5. September 1896 – zu einem Zeitpunkt, als in Hamburg und Berlin schon erste Meisterschaftsrunden ausgespielt wurden und mit dem Bund Deutscher Fußballspieler sogar schon ein Verband existierte – bekam auch die bayerische Metropole endlich ihren ersten Fußballverein. Er trug den anspruchsvollen lateinischen Namen „Terra Pila“ („Erde“ und „Ball“) und wurde von Gymnasiasten und Studenten gegründet. Der Fußball in München entstammte also nicht, wie man vielleicht meinen könnte, dem Arbeitermilieu, sondern wie auch in England gutbürgerlichen Kreisen. Unter den zwölf Gründungsmitgliedern von „Terra Pila“ befanden sich lediglich zwei Personen mit handwerklichen Berufen.

Bis der Fußball in München zum Massenphänomen wurde, sollten noch mehrere Jahrzehnte vergehen. Zwar fand der Sport immer neue Anhänger, doch fast ebenso schnell, wie sie sich begeistert hatten, kehrten viele von ihnen dem Spiel mit dem Ball wieder den Rücken; „Terra Pila“ löste sich bereits zwei Jahre nach der Gründung wieder auf. Mit dem 1. Münchner FC 1896 wurde jedoch sogleich ein Nachfolgeverein ins Leben gerufen. Außerdem wurden mit dem FC Nordstern 1896 und dem FC Bavaria 1899 noch vor der Jahrhundertwende zwei weitere Klubs gegründet. Diese drei Vereine waren am 28. Januar 1900 auch die einzigen Münchner Vertreter unter den 86 Gründungsmitgliedern des Deutschen Fußballbundes (DFB). Noch war München Fußball-Diaspora.

Der Haxentoni – Münchens erster Fußballstar

Unter den Gründungsmitgliedern des ersten Münchner Fußballvereins „Terra Pila" war auch Anton Hübel, genannt Haxentoni (1878–1954). Hübel sprach von sich als „leidenschaftlichem Fußballer", die Süddeutsche Zeitung bezeichnete den ersten Stürmerstar der Münchner Fußballgeschichte als „Ballack der Gründerzeit", der den Ball wie außer ihm nur noch Franz Beckenbauer beherrscht habe. Wie viele Tore der hauptberufliche Bankangestellte tatsächlich erzielte, ist nicht überliefert. Bereits 1900 hängte der Haxentoni seine Fußballschuhe wieder an den Nagel, um mit mehreren seiner Vereinskameraden den Alpenklub „Berggeist" ins Leben zu rufen und sich fortan statt auf dem Fußballplatz in den Bergen sportlich zu betätigen.

Der Ball läuft endlich rund

Von den etablierten Turnvereinen öffnete sich als erstes der Männer-Turn-Verein München von 1879 (MTV München) dem neuen Sport. 1897 genehmigte der Vorstand die Gründung einer Fußballmannschaft, was keine Selbstverständlichkeit war, denn noch immer galt der Fußball vielen als unzivilisiertes, raues Ballspiel. Noch im selben Jahr trat die MTV-Elf beim traditionellen Deutschen Turnfest in Ansbach zu einem Demonstrationsspiel an und trug ihren Teil dazu bei, den Sport gesellschaftsfähig zu machen. Zudem brachte einer der Münchner Spieler ein wichtiges Hilfsmittel in das Spiel ein: Der Torhüter Dr. Cushing, ein junger Engländer, hatte mit Stacheln besetzte Rennschuhe aus seiner Heimat mitgebracht. Damit verschaffte er sich nicht nur auf dem Fußballplatz einen Vorteil, sondern verhalf ganz nebenbei auch der Münchner Leichtathletik zu einem Erfolg: Beim Oktoberfest 1897 verbesserte die 100-Meter-Staffel mit den MTV-Fußballern Cushing, Prager, Böhmke und Keyl den vier Jahre alten deutschen Rekord von Germania Berlin um zwei Sekunden. Auch im Fußball hatte sich der MTV bereits ein Jahr nach der Gründung der Abteilung einen Namen gemacht. Beim Turnfest in Hamburg 1898 schlugen die Münchner Kicker den Allgemeinen Turnverein Dresden mit 16:0 – eine völlig unerwartete Sensation! Spektakuläre Erfolge wie diese führten dazu, dass allmählich auch die konservativen Turnerkreise die Faszination des Fußballs entdeckten:

> *„Die Pflege der Turnspiele hat in den Kreisen der deutschen Turnerschaft [...] einen bedeutenden Aufschwung genommen, und es ist hierbei noch besonders zu erwähnen, daß schon vieler Orten an die Stelle der Unterhaltungsspiele [...] die an körperbildenden und erziehlichen Momenten reichen Kampf- und Parteienspiele getreten sind. Der Vorführung solcher Kampf- und Parteienspiele wird denn auch demzufolge in Hamburg ein breiter Raum gewährt werden; sie werden in großer Anzahl in Form von Musterspielvorführungen und Wettspielen zur Darstellung kommen."*
> (Aus der Festzeitung für das neunte Deutsche Turnfest, Hamburg 1898)

Um der steigenden Nachfrage nach dem Fußball, aber auch anderen Ballsportarten wie Baseball und Rugby, gerecht zu werden, stellte die Stadt München um die Jahrhundertwende in mehreren Stadtteilen Plätze und Spielgeräte zur Verfügung. Und schon bald wurden weitere Vereine oder Ballsportabteilungen gegründet, so auch beim Turnverein München von 1860 (heute TSV 1860 München) und beim FC Bayern. Diese beiden Klubs sollten in ihren ersten Jahren den bereits etablierten Mannschaften noch hinterherlaufen – später aber die berühmtesten Kapitel der Münchner Fußballgeschichte schreiben und nebenbei ein völlig neues Lebensgefühl transportieren, nämlich das der Menschen, die sich von den starren Konventionen der Turnbewegung distanzieren und stattdessen dem modernen „English way of life" nacheifern wollten.

Vom Schafmistacker zu den ersten Stadionbauten

Ausgesperrt, unerwünscht, vertrieben – in den Anfängen des Fußballspiels in München mussten die einheimischen Vereine um ihre Plätze bangen und feilschen. Der TV 1860 München brachte eine wahre Odyssee hinter sich, ehe er seine sportliche Heimat fand. Manche der um die Jahrhundertwende bespielten Plätze bestehen noch, andere sind komplett aus dem Stadtbild verschwunden. Einer der alten Fußballplätze entwickelte sich zu einem ganz besonderen Ort – zu einem Mythos, der bis heute nachhallt und einem ganzen Stadtteil eine Identität verleiht: das Grünwalder Stadion.

Anfänge auf der Schyren- und Theresienwiese

Zwei Grünflächen spielten bei der Etablierung des Fußballs in München Ende des 19. Jahrhunderts eine wichtige Rolle: die Schyrenwiese an der Isar und die Theresienwiese. So war auf diesen beiden Plätzen schon früh die Ausübung des englischen Sports erlaubt, was angesichts der größtenteils ablehnenden Haltung der konservativen Turnvereine gegenüber dem neuartigen Ballspiel keine Selbstverständlichkeit war. Der erste Münchner Fußballverein „Terra Pila“ und der ebenfalls Pionierarbeit leistende MTV München von 1879 trainierten und spielten hauptsächlich auf der Theresienwiese. Dort war am südlichen Ende ein Sportplatz errichtet worden, der die nötigsten Voraussetzungen zur Ausübung des Fußballspiels bot: eine ebene Rasenfläche und ein abgegrenztes Spielfeld.

Auch auf der Schyrenwiese, von der Stadt München im Jahr 1896 als „Jugendturnspielplatz“ angelegt, waren diese Voraussetzungen gegeben. Der neugegründeten Fußballabteilung des TV 1860 wurde dieser Platz „zum Zwecke der Spielpropaganda“ überlassen. Eigentlich ein perfektes Geschäft mit der Stadt, sollte man meinen, denn gegenüber auf der anderen Isarseite in der Auenstraße befand sich seit 1888 das Vereinsheim mit Turnhalle; noch heute sind dort die Turn- und Boxabteilung des Vereins beheimatet.

Doch mit der Nutzung der Schyrenwiese waren strenge Auflagen verbunden, die die damalige Skepsis der Behörden gegenüber dem Fußball verdeutlichen. Schon die bürokratische Wortwahl „Spielpropaganda“ zeigte, dass der Fußball hier lediglich geduldet und keineswegs mit einem langfristigen Bleiberecht ausgestattet war. So musste die Nutzung jedes Jahr neu beantragt werden; zudem konnte die Genehmigung von der Stadt jederzeit ohne Vorwarnung widerrufen werden.

Der Platz war außerdem nur bei trockener Witterung freigegeben und musste vor jedem Spiel von den Spielern mit eigenhändig herbeigeschafften Säcken voller Sägemehl markiert werden. Nach jeder Benutzung kam ein städtischer Inspektor vorbei, um den Platz abzunehmen. Diesem war schon ein „geknickter Grashalm fast zu viel“, beschwerte sich der FC Bayern in einer Festschrift, der zu seinen Anfangszeiten ebenfalls auf der Schyrenwiese trainierte.

Mit welchen Schwierigkeiten die Fußballer um die Jahrhundertwende konfrontiert waren, brachte der Münchner Maler und Grafiker Josef Mauder (1884–1969), selbst begeisterter Spieler, mit einem Augenzwinkern auf den Punkt:

„Früher, in der alten Zeit,
War der Sport noch nicht so weit,
Damals musst' man sich noch plagen,
Stangen, Latten, Säcklein tragen,
Schafmist z'amklaub'n Platz markier'n,
Keiner tat sich da genier'n.
Mei' was waren wir für Kälber,
Reisen zahlten wir uns selber.
Trainer hat kein Mensch noch kennt,
Mir san halt dem Ball nachg'rennt.“

Selbst als der Fußball Anfang des 20. Jahrhunderts langsam populär wurde, die Mannschaften großen Zulauf erfuhren und immer mehr Klubs gegründet wurden, blieben die Vorbehalte der Obrigkeit bestehen. Zudem mussten die wenigen Sportplätze durch die wachsende Popularität des Fußballs mit immer mehr Mannschaften geteilt werden. Katastrophale Bedingungen, die kaum einen geregelten Spiel- und Trainingsbetrieb zuließen, waren vielerorts die Folge. Aufgrund nicht endender Streitigkeiten untersagte das Magistrat der Stadt München den Sechzigern im Jahr 1904 schließlich die Nutzung der Schyrenwiese. Für den TV 1860 begann nun eine jahrelange Suche nach einer sportlichen Heimat. Auch der FC Bayern hatte zu diesem Zeitpunkt dem Platz an der Isar längst den Rücken gekehrt, allerdings freiwillig und in weiser Voraussicht. Dank der Unterstützung des königlich bayerischen Herd- und Ofenlieferanten Friedrich Wamsler senior, dessen Söhne Carl und Fritz den Verein mitgegründet hatten, stand den Bayern ab 1901 ein Platz an der Schwabinger Clemensstraße zur Verfügung. Diese glückliche Fügung machte sie unabhängig von städtischen Inspektoren und bürokratischen Vorgängen – ein wahrhafter Luxus zu der damaligen Zeit.

Die Odyssee der Löwen

Der TV 1860 München hatte, anders als der FC Bayern, zunächst weniger Glück bei der Platzsuche – und vor allem keine solch finanzstarken Gönner im Rücken. Von der Schyrenwiese vertrieben, fanden die Kicker für kurze Zeit am Heumarkt, dem heutigen Sankt-Jakobs-Platz, ein neues Zuhause. Doch der Untergrund dort erwies sich mehr als Sumpf denn als Rasen, so dass die Sechziger schon nach wenigen Wochen die Isar hinauf zum Flaucher weiterzogen. Roman Beer vom „Verein der Freunde des Sechzger Stadions" hat diese Odyssee für sein Buch „Kultstätte an der Grünwalder Straße – die Geschichte eines Stadions" detailliert recherchiert. Auch am Flaucher, so Beer, seien die Bedingungen für die Kicker mehr schlecht als recht gewesen. Da der Platz tagsüber als Kinderspielplatz genutzt worden sei, hätten die Spieler vor dem Training erst einmal die von den Kindern gegrabenen Löcher wieder zuschütten müssen – Zustände, wie sie heute wohl kein Amateurfußballer in der untersten Spielklasse dulden würde.

Endlich, im Jahr 1904, errichtete der TV 1860 seinen eigenen Sportplatz. Dass die Fußballabteilung einen großen Turnverein im Rücken hatte, wurde nun zu einem Vorteil. Auf einer Wiese weit im Westen Münchens nahe dem Waldfriedhof eröffnete der Klub den Waldspielplatz Holzapfelkreuth, der für 300 Mark pro Jahr von der Gebrüder Thomas Bierbrauerei gepachtet wurde. Noch im Oktober 1904 trugen die Sechziger dort ihr erstes Spiel gegen den MTV München von 1879 aus (1:1). Doch leider gab es erneut ein Manko, das die Weiß-Blauen auch hier nicht heimisch werden ließ: Zwar gab es seit kurzem eine benachbarte Tramhaltestelle, doch die Bahn mit der Nummer 18, die vom Sendlinger Tor über den Harras bis zum Waldfriedhof führte, verkehrte nur in großen Abständen, so dass die Anreise für die Spieler an den äußersten Stadtrand oft mühsam war. Nicht zuletzt blieben an diesem entlegenen Ort auch die Zuschauer aus, die mit ihren Eintrittsgeldern die Kassen hätten füllen sollen. Und so ging die Suche nach einer geeigneten Spielstätte weiter. 1908, nur vier Jahre nach dem Umzug an den Stadtrand, verließ der Turnverein den Platz in Holzapfelkreuth wieder; das Spielfeld ist – wie viele frühere Freiflächen der Landeshauptstadt – heute komplett mit Wohnhäusern bebaut.

Wilhelm Hilber, ein Uhrmachermeister aus der Au und Spieler in der 3. Mannschaft, lockte die Löwen schließlich in den Stadtteil, in dem sie seitdem heimisch sind, in eine Schotterebene, die in der Würmeiszeit von den Schmelzwasserbächen aufgeschüttet und 1854 eingemeindet worden war: Giesing. Hilber hatte in zentraler Lage auf dem Giesinger Berg neben dem Alpenplatz eine Wiese gepachtet, die vom Vereinsheim in der Auenstraße leicht zu Fuß zu erreichen war. Doch – man ahnt es – auch hier sollte der Turnverein nicht lange glücklich sein. Zwar waren der FC Bayern und vor allem der MTV München zu dieser Zeit die weitaus populäreren Klubs, dennoch stieß das beengte Spielfeld am Alpenplatz bald an seine Kapazi-

Das erste Länderspiel auf Münchner Boden

Der MTV München von 1879 war zu Beginn des 20. Jahrhunderts neben dem FC Bayern München der populärste Fußballverein der Stadt. Im Stadtteil Sendling an der Marbachstraße pachtete der MTV im Jahr 1910 einen großen Sportplatz, der mit Umkleiden, Duschen und einer hölzernen Zuschauertribüne ausgestattet und damit das modernste und größte Stadion der Stadt vor dem Ersten Weltkrieg war. Am 17. Dezember 1911 vergab der DFB hierhin das erste Fußball-Länderspiel auf Münchner Boden. Die deutsche Nationalmannschaft mit MTV-Torhüter Walter Borck unterlag Ungarn vor 6000 Zuschauern mit 1:4. Die Zeitung „Münchner Neueste Nachrichten" schrieb am 19. Dezember 1911 über das Sportereignis: „In breitem Strom wallten die Sportfreunde dem Spielplatze zu, ein Auto um das andere knatterte die Lindwurmstraße entlang; die Straßenbahn, die sich für das Spiel entsprechend vorbereitet hatte, brachte in überfüllten Wagen immer neue Menschenmengen." Zwei Jahre später, 1913, wurde auf der Sportanlage vor der nicht minder beeindruckenden Kulisse von 5000 Zuschauern das Finale um die Deutsche Meisterschaft ausgespielt, allerdings ohne Münchner Beteiligung: Der VfB Leipzig schlug den Duisburger SpV mit 3:1. Schon wenig später musste der Fußballplatz dem Bau einer Wohnsiedlung weichen.

tätsgrenzen, da die Mitgliederzahlen stiegen und stiegen; schon 1910 hatten sich dem TV genügend aktive Fußballer für die Bildung von ganzen acht Mannschaften angeschlossen. Diesmal ergab sich jedoch ganz in der Nähe an der Grünwalder Straße eine glückliche Lösung, die über Jahrzehnte bestand haben und zu einem jener mythischen Fußballorte werden sollte, von denen es in Deutschland höchstens eine Handvoll gibt. Das Fußballfeld am Alpenplatz hingegen hatte alsbald ausgedient und wurde 1914 von der Straßenbahn-Baugenossenschaft mit einem Wohnblock bebaut, denn Wohnraum war knapp im aufstrebenden Stadtteil Giesing, der sich just in diesen Jahren von einer landwirtschaftlich geprägten Münchner Peripherie zu einem Arbeiterviertel entwickelte. An der Hausecke, die an der Einmündung der Aignerstraße in die Alpenrosenstraße liegt, ist noch heute eine große Schaffnerfigur angebracht, die an den Bauherren des Wohnblocks erinnert.

Wieder war ein Fußballplatz dem Raummangel in der aus allen Nähten platzenden Großstadt zum Opfer gefallen. Hatte die Stadt München nach dem Ergebnis einer Volkszählung im Jahr 1900 noch 499 932 Einwohner, so waren es zehn Jahre später bereits 596 467 – ein Umstand, den auch die Fußballvereine auf der Suche nach geeigneten Freiflächen für ihre Spielfelder immer wieder zu spüren bekamen.

Das „Zündholzschachterl" auf Giesings Höhen

Dem besagten Uhrmachermeister Wilhelm Hilber hatten es die Löwen zu verdanken, dass sie ab 1908 in Giesing heimisch wurden. Als der Vertrag für das kleine Spielfeld am Alpenplatz 1910 nicht verlängert wurde, spielte der Mann aus der Au erneut eine wichtige Rolle. Denn wieder war er es, der mit den Eigentümern einer nahegelegenen Landwirtschaftsfläche einen Pachtvertrag

Kassen am Grünwalder Stadion

aushandelte – und der die Unternehmung vor allem finanziell unterstützte. Anfang 1911 entstand so an der Grünwalder Straße ein mit einem Zaun umgebener Sportplatz, der höchsten Ansprüchen genügte. So wurde um das Fußballspielfeld herum die erste 400-Meter-Laufbahn Münchens verlegt; zudem integrierte der Turnverein die Anlagen für weitere Leichtathletikdisziplinen wie Weitsprung und Kugelstoßen in das Gelände. Das Prunkstück der Wettkampfstätte aber war die zwölf Meter lange Holztribüne, die 160 Zuschauern überdachte Sitzplätze bot und in der auch Umkleide- und Waschräume untergebracht waren. Ein nicht selbstverständlicher Luxus, denn bis dahin fungierten meist die Räume von Vereinsgaststätten als provisorische Mannschaftskabinen. Wegen ihrer Kastenform wurde die Tribüne von den Münchnern bald liebevoll als „Zündholzschachterl" bezeichnet. Eine der traditionsreichsten heute noch erhaltenen Sportstätten Deutschlands, das Stadion an der Grünwalder Straße, war geboren. Mit der Trainingsaufnahme im Mai 1911 ging eine langjährige Odyssee der TV-Fußballer zu Ende, und Giesing war spätestens jetzt zur endgültigen Heimat der Blau-Weißen geworden.

In den kommenden Jahren wurde das Grünwalder Stadion stetig ausgebaut. Das „Zündholzschachterl" erhielt eine Tribüne auf der Gegengeraden und Stehplatztribünen an den Seiten. 1920 versammelten sich bereits 8000 Zuschauer in dem Schmuckkästchen, um das Spiel des TV 1860 gegen den Lokalrivalen FC Wacker zu sehen, was eine neue Rekordbesucherzahl im Münchner Fußball bedeutete. Zwei Jahre später, während der Inflationszeit, ging das bislang gepachtete Gelände für einen Betrag von 700 000 Reichsmark vollständig in den Besitz des Turnvereins über. Die Weichen für eine geschichtsträchtige Epoche des Fußballs auf Giesings Höhen waren gestellt; bis zur Einweihung des Olympiastadions im Jahr 1972 sollte es die wichtigste Sportstätte in München bleiben und Zeuge zahlreicher historischer Wettkämpfe werden.

Das Grünwalder Stadion – Ausbau und Zerstörung

1911: Bau als Sportstätte für Fußball- und Leichtathletikwettbewerbe.
1925: Neubau einer überdachten Sitztribüne für 1600 Zuschauer und einer Stehplatztribüne mit 25 000 Plätzen. Insgesamt finden nun 35 000 Besucher im Stadion Platz. Das „Grünwalder" wird zum größten Stadion in Süddeutschland.
1926: Vor ausverkauftem Haus findet das erste Länderspiel im Grünwalder Stadion statt (Deutschland – Schweiz 2:3).
1927: Umbenennung in Heinrich-Zisch-Stadion (damaliger 1860-Präsident). Die Zeitschrift „Der Fußball" bezeichnet das Stadion, als „Deutschlands schönste Vereinssportanlage".
1937: Die Stadt München übernimmt das Stadion von den in Finanznöte geratenen Sechzigern.
1941: Umbenennung in Hanns-Braun-Kampfbahn zu Ehren eines im Ersten Weltkrieg umgekommenen Münchner Mittelstreckenläufers.
1943: Zwei Angriffe englischer Bomber richten erhebliche Schäden an den Tribünen an, das Stadion wird für mehrere Jahre unbenutzbar.

Der FC Bayern wird zum Untermieter

Das Glück des FC Bayern nach dem Abschied von den ersten Spielorten Schyren- und Theresienwiese währte nur wenige Jahre. Bis 1907 spielten die Bayern auf dem von Mäzen Wamsler gestifteten Platz an der Clemensstraße im Stadtteil Schwabing; im Studentenviertel also, wo die überwiegend aus akademisch-bürgerlichen, liberalen Kreisen stammenden Mitglieder unter ihresgleichen waren. Die Fusion mit dem damals größten Münchner Sportverein MSC bot der nun unter dem Namen FA Bayern agierenden Mannschaft 1907 die Chance, auf ein noch besser ausgestattetes Gelände an der Leopoldstraße umzuziehen – nach Recherchen des Bayerischen Rundfunks lag das Spielfeld auf

Höhe des heutigen Parzivalplatzes. Das von der Stadt gepachtete Grundstück wurde mit einer überdachten Tribüne, Tennis-, Hockey- und Leichtathletikanlagen sowie Waschräumen und einem Klubhaus bebaut – ein wahrhafter Luxus zu dieser Zeit.

Die finanzielle Unterstützung von Sponsoren machte es den Bayern zudem möglich, sich früher als andere deutsche Vereine international auszurichten und auf der modernen Sportanlage Spiele gegen internationale Gegner abzuhalten. Zwischen 1909 und 1914 gastierten unter anderem der FC Basel, die Blackburn Rovers, Middlesborough und Tottenham Hotspur an der Leopoldstraße – Sportereignisse, die sowohl in den Zeitungen als auch bei den Zuschauern größtes Interesse weckten. Da zudem vermehrt Sonderzüge der Bahn auswärtige Fans zu den Gastspielen ihrer Mannschaften an die Isar brachten, stiegen die Zuschauerzahlen ab 1910 deutlich an. Nicht nur für die Stadt, die durch die auf die Eintrittskarten erhobene Lustbarkeitssteuer in saftiger Höhe profitierte, sondern auch für die FA Bayern tat sich eine Einnahmequelle auf, die noch lange nicht ausgeschöpft war. Nur bot der Platz in Schwabing trotz der nachträglichen Errichtung von weiteren Stehplätzen nicht die nötigen Kapazitäten und stieß alsbald an seine Grenzen, so dass die Bayern es den inzwischen sesshaft gewordenen Sechzigern nachmachten und ab 1920 ihrerseits ein Nomadenleben führten. Mal wurde auf dem Platz des FC Teutonia auf dem Oberwiesenfeld, mal auf der Anlage an der Marbachstraße gespielt. Erst 1925 fanden die Rothosen wieder eine langfristige Heimat: im Stadion an der Grünwalder Straße; und zwar – heute undenkbar – als Untermieter der Sechziger, denen die Mieteinnahmen des Lokalrivalen wiederum dringend benötigtes Kapital in die Kassen spülten.

Stadiondebatten und Großprojekte

Mit den Erfolgen der Münchner Fußballvereine stiegen auch die Ansprüche an einen geeigneten Rahmen für die Wettkämpfe. Hinzu kam das explodierende Publikumsinteresse, die Tribü-

Zuschauer auf dem Teutonia-Platz

nen platzten bei interessanten Spielen aus allen Nähten und nicht selten gelangten auf mysteriösen Wegen mehrere Tausend Zuschauer mehr ins Stadion, als offiziell Plätze vorhanden waren. Deshalb wünschten sich die Münchner Klubs eine Sportstätte nach dem Vorbild des 1913 in Berlin eingeweihten Deutschen Stadions, das 33 000 Zuschauern Platz bot und bis 1934 als pompöse Bühne für sportliche und nicht-sportliche Veranstaltung fungierte. Doch klafften im München der 20er-Jahre Wunsch und Wirklichkeit weit auseinander; kein Großprojekt ohne große Probleme, und letztlich blieb auch an der Isar die Frage: Wer zahlt das alles? In Obersendling an der Kistlerhofstraße und am Partnachplatz, auf der Theresienhöhe und in Obergiesing an der Oberbiberger Straße waren große Fußballstadien geplant, doch keines davon wurde tatsächlich gebaut.

Eine der wenigen realistischen Möglichkeiten, auf öffentlichem Gelände ein Stadion zu errichten, tat sich jedoch im Münchner Norden am Oberwiesenfeld auf, wo sich heute der Olympiapark befindet. Das Gelände an der Lerchenauer Straße war seit 1784 hauptsächlich militärisch genutzt worden, die im

Versailler Vertrag festgeschriebene Abrüstung bot dem FC Teutonia 1921 jedoch die Möglichkeit, den Zweck des Areals zu „entfremden“ und eine beeindruckende Arena für 12 000 Zuschauer zu errichten. Den besonderen Reiz des Stadions machte das Fehlen einer Laufbahn aus, denn dadurch konnte die Tribüne direkt an das Spielfeld gebaut werden – ein Charakteristikum, das erst in den vergangenen Jahren wieder Einzug in den Bau von modernen „Fußballtempeln“ gehalten hat. Auch der FC Bayern trug für einige Jahre seine Spiele am Oberwiesenfeld aus.

1936 war es dann abermals die politische Lage, die zu dramatischen Veränderungen führte. Die mehr oder weniger geheime Aufrüstung des NS-Regimes führte dazu, dass das Gelände durch Anordnung von oben wieder der Wehrmacht zur Verfügung gestellt werden musste. Für den FC Teutonia, durch das moderne Stadion zuvor sportlich durchaus auf Augenhöhe mit dem FC Bayern und den Löwen, begann eine heimatlose Zeit und jahrelange Odyssee über verschiedene Plätze, von der sich der Verein nie mehr erholen sollte.

Tribünengebäude des Dantestadions mit der Aufschrift: „Der Münchner Jugend“

Auch an anderer Stelle rang sich die in Sachen Stadionbau äußerst skeptische Stadtverwaltung zu einer Tat durch: 1928 wurde München durch den Bau der „Kampfbahn an der Dantestraße“ im Stadtteil Gern um eine hochkarätige Sportanlage reicher. Zwar sollte die 20 000 Zuschauer fassende Wettkampfstätte hauptsächlich dem Breitensport und der Leichtathletik dienen, dennoch machte sie auch dem Grünwalder Stadion ernsthafte Konkurrenz, da Wacker München und der FC Bayern zeitweise dorthin auswichen. Das von Karl Meitinger und Fritz Beblo entworfene Dantestadion erhielt mit der trapezförmigen Tribüne, die die Zuschauer auch seitlich vor Wind und Wetter schützen sollte, eine unverkennbare Architektur, die noch heute erhalten ist. Nach dem Zweiten Weltkrieg war das Stadion die Heimstatt von Football- und Baseballspielen der US-Armee, heute tragen dieser Tradition folgend die American Football-Teams Munich Cowboys und München Rangers hier ihre Heimbegegnungen aus.

Unvollendeter NS-Größenwahn

Mitte der 30er-Jahre wollte die nationalsozialistische Stadtführung im Münchner Osten nahe dem Flughafen Riem eine Arena für 60 000 bis 80 000 Zuschauer nach Berliner Vorbild bauen. Zu viel mehr als den ersten Entwürfen kam es aber nicht, da das Großprojekt in der Einflugschneise gelegen hätte und es zu Streitigkeiten mit der Flughafenverwaltung kam. Der Ausbruch des Zweiten Weltkrieges stoppte das größenwahnsinnige Projekt schlussendlich noch in seinen Ansätzen. Dass sich Geschichte gelegentlich wiederholt, bewies der TSV 1860 München im Jahr 2012, als er Pläne für ein eigenes Stadion in Riem vorlegte. Die Stadt München erteilte den Löwen jedoch eine Absage, da sie das Areal langfristig an ein Logistikunternehmen verpachtet hatte.

Anpfiff nach dem Ersten Weltkrieg

Der Erste Weltkrieg setzte dem Aufstreben des noch in den Kinderschuhen steckenden Fußballspiels in München ein jähes Ende – ein vorübergehendes allerdings. Denn schon kurz nach Kriegsende wurde in München wieder gekickt, und zwar erfolgreicher und populärer als je zuvor. Die Klubs erfreuten sich immer höherer Mitglieder- und Zuschauerzahlen, fuhren erste nationale Achtungserfolge ein und professionalisierten ihre Strukturen. Spätestens als der FC Bayern 1932 die nationale Spitze erklomm und sich erstmals ein Münchner Klub „Deutscher Meister" nennen durfte, war die Stadt an der Isar endgültig dem Fußball verfallen – und so ist es bis heute geblieben.

Front statt Fußballplatz

> *„Der Jahresbericht [...] ließ erkennen, dass die Fußballbewegung in München im vergangenen Jahre wieder einen großen Schritt vorwärts gemacht hat. Von 13 Vereinen mit 1104 Mitgliedern ist der Bund innerhalb des verflossenen Jahres auf 14 Vereine mit 1617 Mitgliedern gewachsen [...].“*
> (Münchner Neueste Nachrichten, 21. Februar 1911)

Was die Neuesten Nachrichten gut drei Jahre vor Kriegsausbruch über die Entwicklung des Münchner Fußballbundes schrieben, ließ auf eine verheißungsvolle Zukunft hoffen. Der Fußball war langsam aber sicher in der Mitte der Gesellschaft angekommen und zum Massenphänomen geworden, sowohl bei den Zuschauern als auch bei den Aktiven – und die vielleicht rosigste Zukunft, so sah es aus, gehörte den Münchner Löwen. Mit dem eigenen Stadion an der Grünwalder Straße trugen die Blau-Weißen einen gehörigen Teil zur Anerkennung des Fußballs und zur Faszination der Massen bei. 1912 verbuchte der Verein bereits 3200 Mitglieder, 270 davon in der Fußballabteilung.

Das Attentat von Sarajewo am 28. Juni 1914 veränderte jedoch auf einen Schlag alles. In den Konflikt, der innerhalb weniger Wochen vom lokalen Schwelbrand zum Kontinentalkrieg eskalierte, war bald auch das Deutsche Reich involviert. In Bayern erfolgte eine flächendeckende Mobilmachung, bei der die Sportvereine eine doppelt wichtige Rolle einnahmen. Zum einen stellten viele von ihnen ihre Anlagen dem Militär zur Verfügung. Zum anderen wurden ihre Mitglieder in das Heer einberufen – als junge, sportliche Männer bildeten sie das geeignete „Kriegsmaterial". Alleine der MTV musste etwa 1400 Vereinsmitglieder in den Krieg ziehen lassen, von denen die Hälfte nicht mehr zurückkehrte. König Ludwig III. indes konnte sich auf ihre Kampfbereitschaft verlassen: „Dem Männer-Turnverein von 1879 danke ich herzlich für die Huldigung und das Treuegelöbnis in ernster Stunde. Ich zweifle nicht, dass die ins Feld ziehenden Vereinsmitglieder ihre Pflichten gegen das Vaterland in vollstem Maße erfüllen werden getreu den patriotischen Zielen des Vereins."

Der Turn- und Spielbetrieb der Sportvereine stand nach der Mobilmachung schon alleine wegen des Personalmangels vielerorts still. Die jungen, sportlichen Männer waren nun als Soldaten gefragt – und dabei war es egal, ob man traditioneller Turner oder moderner Fußballer war. Die eigentlich liberalen Münchner Neuesten Nachrichten legten am 4.8.1914 viel Hoffnung in die Sportler – und bildeten damit dennoch mehr ein Wunschbild als die Wirklichkeit ab:

> *„Ruhe im Sport. Die sportlichen Veranstaltungen dieser Tage sind unter dem Einfluß der politischen Lage fast durchweg abgesagt worden. Die Akteure fehlen, sie stehen heute unter den Waffen! [...] Unter der Jugend Deutschlands, die heute unter die Waffen getreten ist, und die Hoffnung unseres Vaterlandes bildet, befinden sich Tausende von Anhängern des Körpersports; Leute, die in sportlichem Kampfe ihre Muskeln gestärkt und ihren Körper ausdauernd gemacht haben die von Jugend auf zu strenger Selbstzucht erzogen sind. Sie alle werden mit heller Begeisterung in den Krieg ziehen und stets mit unter den Ersten zu finden sein."*

Ganz verschwunden war der Fußball während des Krieges aber nicht. Es bildeten sich neue Mannschaften mit den verbleibenden Spielern, und es wurden mangels eines offiziellen Spielbetriebs Freundschaftsspiele ausgetragen. Weite Reisen waren jedoch nicht mehr möglich; so wurde von 1915 bis 1919 auch kein Deutscher Meister ausgespielt. Selbst die lokalen Begegnungen fanden unter erschwerten Bedingungen statt. So sperrte das Kriegsministerium im Herbst 1916 den Platz der Sechziger an der Grünwalder Straße für ein Jahr, da in einer benachbarten

Das Gewehr ruht, der Ball rollt

An Heiligabend 1914 kehrte an mehreren Orten der europäischen Kriegsfront ein flüchtiger Moment des Friedens und der Menschlichkeit ein. Deutsche und britische Soldaten, die sich zuvor noch bekämpft hatten, legten ihre Waffen für einige Stunden beiseite und kamen aus ihren Schützengräben, um gemeinsam Weihnachten zu feiern. Aus Briefen weiß man, dass auf einem zugefrorenen Acker bei der flämischen Gemeinde Mesen sogar ein inzwischen legendäres Fußballspiel zwischen den verfeindeten Armeen abgehalten wurde. Der deutsche Leutnant Johannes Niemann beschrieb das Ereignis so: „Plötzlich brachte ein Schotte einen Fußball an, und es entwickelte sich ein regelrechtes Fußballspiel mit hingelegten Mützen als Toren. Zwar erreichte so manche Flanke nicht ihr Ziel, der hart gefrorene Acker ließ ein richtiges Spiel eigentlich nicht zu. Aber alle Akteure und auch die Zuschauer waren erfüllt von friedlicher sportlicher Gemeinsamkeit." Tatsächlich gab es mehrere solcher sportlich-friedlichen Fußballbegegnungen an diesem Weihnachtsabend. Nicht selten waren es die britischen Soldaten aus dem Mutterland des Fußballs, die schnell ein entsprechendes Spielgerät aus den weiter hinten liegenden Reservestellungen organisierten; mancherorts wurde auch einfach eine Blechbüchse zwischen Toren aus Feldmützen oder Pickelhauben gekickt. Schon am nächsten Tag wurde jedoch wieder um Leben und Tod gekämpft.

Derby zwischen dem FC Bayern und 1860 München im Jahr 1915

Brauerei Pulverfässer untergebracht waren; eine Explosion während eines Fußballspiels hätte verheerende Ausmaße gehabt.

Die Platzsperre brachte den TV 1860 an den Rande des Ruins, da die zahlenden Zuschauer fehlten – und damit die wichtigste Einnahmequelle. Nicht besser erging es dem FC Bayern, der damals noch unter dem Namen FA Bayern auftrat. Vor Ausbruch des Krieges nahmen zwölf Mannschaften der „Roten" an Punkterunden teil, hinzu kamen die Alten Herren und die Studenten- und Jugendmannschaften. Im Freistaat hatten sich die Bayern als dritte Fußballmacht neben der SpVgg Fürth und dem 1. FC Nürnberg etabliert, zudem stellte der Verein mit Max Gablonsky, Fritz Fürst und Ludwig Hofmeister gleich drei Nationalspieler. Der Krieg unterbrach das vielversprechende Aufwärtsstreben des Vereins jäh. In der Saison 1914/15 bestritten die Bayern lediglich drei Spiele, fast die gesamte Vereinsleitung und etwa zwei Drittel der Mitglieder wurden an die Front beordert. Welch tiefen Eingriff in den Alltag die Mobilmachung gehabt haben muss, lässt sich auch an den nackten Zahlen des Süddeutschen Fußballverbandes ablesen: Von insgesamt 59 826 Mitgliedern waren 41 931 als Soldaten im Einsatz.

Trotz der kriegsbedingt erschwerten Rahmenbedingungen fanden bereits 1915 wieder bayerische Verbandsmeisterschaften statt – der Fußball übernahm es nun, neben dem Schrecken, den der Krieg mit sich brachte, für Ablenkung zu sorgen und wenigstens für die Dauer eines Spiels ein Stück Normalität herzustellen. Die Mannschaftskameraden an der Front wurden mit Briefen über die Ergebnisse auf dem Laufenden gehalten.

Vom Spiel zur „Weltreligion"

So paradox es klingen mag, aber gerade der Ausgang des Ersten Weltkrieges ermöglichte es dem Fußball, in Deutschland seinen großen Siegeszug anzutreten. Zwar waren die Plätze vieler Vereine durch amtliche Verfügungen in Kleingärten zur Nahrungsmittelproduktion umgewandelt worden, doch wie schon um die Jahrhundertwende fanden die Anhänger des Sports ihre Wege und Orte, dem Ball nachzujagen. Und wie schon während des Krieges übernahm der Fußball nun eine Kompensationsfunktion: Als Deutschland durch die im Versailler Vertrag festgelegten Reparationszahlungen wirtschaftlich stark geschwächt wurde und der verlorene Krieg tiefe Wunden in der Gesellschaft hinterließ, bot nicht zuletzt der Sport Orientierung in der Krise.

Der Erste Weltkrieg erwies sich außerdem als Katalysator der sozialen Entwicklung: Die Erfolge der Arbeiterbewegung in der Weimarer Republik führten zu geregelten Arbeitszeiten mit dem Achtstundentag, was den Fußballern endlich Zeit und Kraft gab, zu trainieren und zu Spielen zu reisen. Der Sport wurde nun – im Gegensatz zum konservativen Turnen – als Wettkampf mit Leistungsprinzip verstanden. Diese Werte einer bürgerlich geprägten Gesellschaft schlugen sich auch auf dem Fußballplatz nieder, die sportliche Betätigung gehörte auf einmal zur gelebten, modernen Lebenswelt. Und nicht zuletzt waren viele Soldaten erst durch ihre Kameraden in Berührung mit dem Fußball gekommen. Nicht nur bei den Briten, auch bei den deutschen Truppen war der Fußball ein wichtiges Mittel gewe-

Jugendmannschaft des FC Union Muenchen 1922/23 (Vorgängerverein des FC Teutonia)

sen, um die Moral aufrechtzuerhalten. Die Kriegsheimkehrer drängten in die Sportvereine und auf die Zuschauertribünen und lösten einen nie da gewesen Fußball-Boom aus. Die Sportverbände zählten 1920 deshalb bereits fast doppelt so viele Mitglieder wie 1914. Während die Entwicklung beim Turnsport stagnierte, entfaltete der Fußball eine wahre Sogwirkung auf die Menschen: Waren beim Deutschen Fußballbund 1914 noch 189 000 in Vereinen organisierte Spieler registriert, waren es 1920 bereits 468 000. Im Jahr 1932 wurde sogar die Millionengrenze überschritten. Mit ironischem Unterton beschrieb der Schriftsteller Hans Seiffert unter der Überschrift „Weltreligion des 20. Jahrhunderts“ im Jahr 1932 die Faszination, die vom Fußball ausging: „Nun ist es überaus interessant zu beobachten, wie das noch im ganzen neunzehnten Jahrhundert herrschende Kreuz-Symbol mehr und mehr verschwindet, wie auch die für kurze Zeit in einigen Gegenden zur Blüte gelangten Symbole Sichel, Hammer, Hakenkreuz sich nicht lange behaupten, sondern einem neuen Symbol weichen müssen. Dieser neue Gegenstand des Kults und der Verehrung ist der Ball.“

Die neue Liebe der Deutschen zum Fußball schlug sich in den 20er-Jahren auch in der Berichterstattung der Medien nieder. Waren vorher meist Turnen oder Reiten die Aufmacher in den Sportteilen gewesen, so regierte nun auch hier eindeutig „König Fußball“, Spielberichte wurden oftmals sogar mit einem Foto bebildert. Mit dem „kicker“ und „Fußball“ gab es zudem allein in Süddeutschland zwei auflagenstarke Magazine, in denen sich alles um den Ball drehte. Und mit dem FC Wacker hatte München 1922 endlich seinen ersten Süddeutschen Meister, was frenetisch bejubelt und stolz in der Münchner Stadtchronik vermerkt wurde: „Nach einem 1:2-Sieg über Borussia Neunkirchen wird mit Wacker München erstmals ein Münchner Verein süddeutscher Fußballmeister. Tausende von Menschen empfangen begeistert am Hauptbahnhof die per Zug zurückkehrenden Fußballer.“

Neue Zeiten in Giesing

Ungeachtet der politisch instabilen Lage und des Chaos, das sich im öffentlichen Leben in den Revolutionsjahren 1918 und 1919 breitmachte, wurde in München bald nach dem Ersten Weltkrieg wieder ein regelmäßiger Spiel- und Trainingsbetrieb aufgebaut. Auch der Turn- und Sportverein von 1860 nahm im Mai 1919 den Betrieb in allen Abteilungen auf. 1150 Mitglieder waren als Soldaten in den Krieg gezogen, 142 davon waren gefallen. Dennoch erreichten die Mitgliederzahlen recht schnell wieder das Niveau der Vorkriegsjahre. Im Jahr 1909 zählten die Sechziger 2870 Mitglieder, im Jahr 1919 waren es bereits wieder 2696 und 1921 verbuchte der Verein sogar schon 3782 registrierte Sportler. Um der stark steigenden Nachfrage gerecht zu werden, wurden die Sport- und Trainingsanlagen an der Auenstraße mehrmals erweitert. Auch der Platz an der Grünwalder Straße, in dem die Sechziger seit 1911 heimisch waren, wurde mit Hilfe städtischer Kredite sukzessive zu einem modernen Stadion ausgebaut. Gegenüber der bereits bestehenden Tribüne, die der Sportstätte bei ihrer Errichtung den Namen „Zündholzschachterl“ eingebracht hatte, wurden Stehtribünen errichtet. Am 17. August 1919, zum 20-jährigen Bestehen, wurde mit dem Wiener Athletiksport Club eine internationale Topmannschaft eingeladen, die sich zur Begeisterung des Münchner Publikums mit 1:2 geschlagen geben musste. Als der Sportverein wenig später auch noch die oberbayerische Meisterschaft gewann und sich hinter den Bayern und dem FC Wacker als dritte Kraft in München etablierte, war das Arbeiterviertel Giesing endgültig seinen Sechzigern verfallen.

Mit den steigenden Erfolgen stiegen auch die Ansprüche der Löwen, was das Stadion anging. Denn der Zuschauerandrang wurde immer größer und der 1860-Platz stieß schon 1920 beim Lokalderby gegen den FC Wacker, als 8000 Zuschauer anwesend waren, an seine Grenzen. Bei Spielen von großem öffentlichen Interesse mussten die Löwen deshalb immer auf das damals fassungsstärkste Münchner Stadion auf dem Oberwiesenfeld ausweichen, das sich im Besitz des FC Teutonia befand – was weder finanziell noch vom Selbstverständnis her ein zufriedenstellender Zustand für den aufstrebenden Verein war. Der SV 1860 (aufgrund einer vorübergehenden Trennung von der Turnabteilung entfiel für einige Jahre das „T“ im Namen) entschloss sich deshalb 1922, den bislang gepachteten Platz auf dem Giesinger Berg für den stolzen Betrag von 700 000 Mark zu kaufen und das Stadion zur modernsten Sportstätte Süddeutschlands auszubauen. Ein großes finanzielles Wagnis, das sich aber zu lohnen schien: 1926 war ein 40 000 Zuschauer fassendes Stadion fertiggestellt, das nach dem damaligen Löwen-Präsidenten Heinrich Zisch benannt und von der Presse frenetisch gefeiert wurde: „Deutschlands schönste Vereinssportanlage“ (Fußball) und „eine Ruhmeshalle des Münchner Sports“ (Münchner Neuste Nachrichten), so lautete das Lob der Münchner Zeitungen und Zeitschriften.

Auch sportlich ging es steil bergauf mit den Löwen. Noch 1923 hatte der „Fußball“ den Sportverein als reinen Durchschnitt bezeichnet: „Die Mannschaft ist an sich prächtiges Material, aber alt. Mit ihrer mit dem Maßstab der Erstklassigkeit bemessenen Spielweise hat sie seit Jahren die gleiche Spielstärke bewahrt, die sie zwar keine Großtaten, aber auch keine Versager schaffen lässt.“

Das Grünwalder Stadion um 1925/26

Doch die Löwen wollten sich nicht mit dem Mittelmaß zufriedengeben und verpflichten 1925 Max Breunig als Trainer. Er hatte vor dem Ersten Weltkrieg beim deutschen Spitzenklub Karlsruher FV gespielt und war zudem Kapitän der Deutschen Nationalmannschaft gewesen. Mit ihm hatte der Giesinger Klub den fehlenden Mosaikstein gefunden, denn der Karlsruher verlieh der Taktik der Löwen den letzten Schliff und formte sie zu einer Mannschaft, die sich hinter den Bayern nicht mehr verstecken musste. Bereits 1927 schwärmte der „Fußball“ vom „wunderschönen Passspiel der 60er“, im selben Jahr drangen die Löwen bis ins Halbfinale um die Deutsche Meisterschaft vor.

Für zwei Jahre übernahm nach Breunig ein Österreicher namens Richard „Little“ Dombi die Löwen. Der Donaufußball österreichisch-ungarischer Prägung galt damals europaweit als das Nonplusultra, und Dombi brachte 1928 nicht nur den technisch eleganten Spielstil, sondern auch internationales Flair nach Giesing. Vereine mit klangvollem Namen wie HASK Zagreb, Rampla Juniors Montevideo und Olympique Marseille gastierten Ende der 20er-Jahre im Grünwalder Stadion und brachten kosmopolitisches Flair in das Arbeiterviertel. Gleichzeitig verjüngte Dombi die

Mannschaft und hinterließ dem 1930 erneut antretenden Breunig ein Team, das reif war für den großen Wurf, denn 1931 gelang dem SV 1860 München das, was zuvor keiner anderen Münchner Mannschaft gelungen war: Die Löwen stießen bis ins Finale um die Deutsche Meisterschaft vor. Im Müngersdorfer Stadion in Köln traten sie am 14. Juni vor 60 000 Zuschauern gegen den Favoriten Hertha BSC an, der sich bereits im Vorjahr zum Deutschen Meister gekrönt hatte. Die Münchner waren die weitaus bessere Mannschaft, dennoch ging das Spiel unglücklich mit 2:3 verloren. Ein Umstand, den sogar die Berliner Zeitung neidlos anerkennen musste: „Der wahre deutsche Meister wäre München 1860. Nicht nur weil die Bayern gegen die schlecht aufgelegte Hertha diesmal besser waren, sondern weil sie – kein Zweifel darf sich da erheben – heute den reifsten, feinsten und klügsten Kombinationsfußball spielen in Deutschland." Trotz der enttäuschenden Niederlage wurden die Löwen in München wie ein Sieger empfangen, wie man der Stadtchronik entnehmen kann: „Die Fußballabteilung des Sportvereins 1860, die am Montag in München eintrifft, wird am Hauptbahnhof von einer nach Tausenden zählenden Menschenmenge mit lauten Zurufen begrüßt."

Alois Pledl (1903–1975)

Einer der Löwen-Spieler war im Finale um die Deutsche Meisterschaft 1931 besonders auffällig: Alois Pledl, der als Stratege im Mittelfeld der Münchner seine Sturmreihe ein ums andere Mal mit Vorlagen fütterte und gleichzeitig die Abwehr zusammenhielt. In Giesing aufgewachsen, hatte er im Alter von zwölf Jahren bei einem Unfall den linken Unterarm verloren. Dennoch schaffte er den Sprung von der Jugendmannschaft in die erste Elf der Sechziger. Unter Trainer Max Breunig entwickelte er sich vom Talent mit Handicap zum strategischen Kopf der Mannschaft. Vor allem seine Spielübersicht und sein Stellungsspiel machten ihn unersetzbar. Zusammen mit den beiden Seitenläufern Eugen Kling und Josef Grimm wurde er von der Zeitschrift „Fußball" als „in Deutschland unerreicht" bezeichnet. 1938 beendete Pledl seine Laufbahn, ohne jemals für einen anderen Verein als den TSV 1860 München gespielt zu haben. Im Sommer 1975 starb Pledl an dem Ort, für den er gelebt hatte: auf dem Fußballplatz, beim Spiel mit einer Altherren-Mannschaft an der Grünwalder Straße.

Auch wenn das Münchner Publikum den Sechzigern einen Empfang bereitete, der einem Deutschen Meister gerecht geworden wäre – der Schock über den verpassten Titel saß tief. In der folgenden Spielzeit sprang für die Löwen lediglich Platz sechs heraus, auch zwei Siege gegen den Lokalrivalen FC Bayern konnten die Sechziger nicht trösten. Zwar zogen die Löwen in der Saison 1932/33 nochmals in die Endrundenspiele um die Deutsche Meisterschaft ein, im Halbfinale war jedoch gegen den FC Schalke 04 Schluss. Die königsblaue Elf um die neuen Starspieler Ernst Kuzorra und Fritz Szepan, die ab 1934 zum Serienmeister der 30er-Jahre wurde, setzten sich überlegen mit 4:0 Toren durch. Die Löwen hingegen konnten nach dem kurzen Vorstoß in Deutschlands Elite nicht mehr ganz oben mitspielen. Hinzu kamen die Auswirkungen der durch den New Yorker Börsenkrach 1929 ausgelösten Weltwirtschaftskrise. Der finanziell ohnehin angeschlagene Verein, den die Kredite aus dem Stadionbau stark belasteten, musste auch noch sinkende Werbeeinnahmen und einen Mitgliederschwund hinnehmen. Im Sommer 1931 waren 40 Prozent der 1860-Mitglieder arbeitslos, wodurch sie die Beiträge für den Sportverein nicht mehr bezahlen konnten. Im Jahr 1932 war der Klub selbst nicht mehr imstande, seine Rechnungen zu begleichen, war praktisch zahlungsunfähig und stand kurz davor, den Betrieb einstellen zu müssen. Doch die politische Lage sollte schon bald alles verändern.

Eine jüdische Erfolgsgeschichte

Eine Partie im Jahr 1919 leitete eine Zeitenwende beim FC Bayern München ein. Mit dem MTK Budapest gastierte die beste Mannschaft Kontinentaleuropas in München und präsentierte ihren bis zur Perfektion getriebenen Donaufußball, der mit seinen eleganten, kurzen Pässen ein sehenswerter Gegenentwurf zum englischen „Kick and Rush“ war. Die Bayern waren vom Spiel des MTK, der mit 7:1 gewann, so beeindruckt, dass sie in den folgenden Jahren eine Reihe von ungarisch-österreichischen Trainern verpflichteten, um die Spielkultur des Donaufußballs aufzusaugen. Die Fußballlehrer hatten allesamt gemeinsam, dass sie Juden waren – genauso wie Kurt Landauer, der von 1913 bis 1933 Präsident der „Roten“ war und bis heute der Bayern-Präsident mit der längsten Amtszeit ist. Landauer war der Sohn einer wohlhabenden jüdischen Kaufmannsfamilie und schnürte anfangs selbst die Fußballschuhe für die Bayern. Als der Fußballnarr Präsident wurde, richtete er den Verein international aus, stellte ihn auf professionelle Beine und machte ihn zu einem der bedeutendsten Klubs in Deutschland.

Von 1913 bis 1914 fungierte Landauer erstmals als Vorsteher der Bayern. Er war in erster Linie ein tief in München und Bayern verwurzelter Mensch, weshalb er sich wie viele andere Juden mit Begeisterung am Ersten Weltkrieg beteiligte und sich das Eiserne Kreuz verdiente. Als er zurückkehrte und abermals bei den „Roten“ die Verantwortung übernahm, profitierte auch er von der neuen Fußballverrücktheit in Deutschland. 1920 hielt der FC Bayern mit 700 registrierten Mitgliedern die Spitzenposition unter den Münchner Fußballvereinen und zählte sogar zu den größten Vereinen des Süddeutschen Fußballverbandes. 1922 hatte der Klub 22 aktive Fußballmannschaften und über 900 Mitglieder – schon damals bestach der FC Bayern durch seine ungeheure Popularität. Die Feier zum 25-jährigen Vereinsjubiläum begangen die Bayern dann auch standesgemäß im Deutschen Theater, was zeigte, dass der Fußball auf bestem Wege war, in der Mitte der Gesellschaft anzukommen. In der Jubiläumswoche standen Freundschaftsspiele gegen die Topklubs SpVgg Fürth (3:2), FC Modena (1:1), VfR Mannheim (0:1) und Hertha BSC Berlin (2:2) an. Kurz zuvor hatten die Bayern außerdem dem argentinischen Meister „Boca Juniors“ ein 1:1 abgetrotzt. Nur ein Stadion, das dem Zuschauerandrang genügte, fehlte den Bayern noch zu ihrem Glück. Bezeichnenderweise fanden die Partien zu den Jubiläumsfeierlichkeiten nicht auf dem eigenen Platz an der Leopoldstraße, sondern im Teutonia-Stadion am Oberwiesenfeld statt. Das eigene Spielfeld bot lediglich Platz für 6000 bis 8000 Personen, womit die Bayern dem explodierenden Interesse der Zuschauer nicht mehr gerecht werden konnten. Ab 1925 trug der Verein seine Heimspiele deshalb – wie die Löwen – im Heinrich-Zisch-Stadion an der Grünwalder Straße aus.

> *„Das sportliche Interesse von ganz Süddeutschland konzentrierte sich am gestrigen Sonntag auf den entscheidenden Kampf in München, der auch in der bayerischen Hauptstadt selbst die Öffentlichkeit in einem Grade beschäftigte wie nie zuvor ein Fußballspiel. Schon in den Morgenstunden begannen die Massen die Giesinger Höhen empor zu der Sportplatzanlage von 1860 zu fluten, wo sich bereits eine Stunde vor Beginn des Kampfes 26 000 Zuschauer stauten […]. Die Deutsche Stunde hatte durch den Einbau einer eigenen Sendeanlage für die Übertragung des Spiels an ihre Hörer gesorgt […].“*
>
> (Münchner Neueste Nachrichten, 12.4.1926)

Auch sportlich setzten die Bayern bald ein erstes Ausrufezeichen in Deutschland. 1926 gewannen sie durch ein dramatisches 4:3 gegen den späteren Deutschen Meister SpVgg Fürth erstmals die Süddeutsche Meisterschaft. Die bis dato wichtigste Partie in der Geschichte des FC Bayern bot auch außerhalb des Platzes einen hohen Unterhaltungswert: Vor der Rekordkulisse von 26 000 Zuschauern wurde der Ball über dem Grünwalder Stadion von einem Flugzeug abgeworfen, zudem wurde das Spiel als eines der ersten in Deutschland live im Radio übertragen.

Mit dem Erfolg der Bayern war zudem die zwei Jahrzehnte andauernde fränkische Vorherrschaft im bayerischen Fußball gebrochen. Die Zeitschrift „Fußball" schrieb über diese Zeitenwende überschwänglich: „Die Nürnberg-Fürther Fußballhochburg wurde am 11. April 1926 nachmittags 4.25 Uhr durch einen Schuss ins Tor getötet. Friede ihrer Asche! Die neue Hochburg heißt München! Der König ist tot! Es lebe der König!"

Der Visionär Landauer sah den FC Bayern jedoch noch lange nicht am Ziel und trieb den Ausbau der Vereinsstrukturen auch nach diesem Erfolg weiter voran. In der Dienerstraße wurde eine eigene Geschäftsstelle eingerichtet, in der 43 Mitarbeiter beschäftigt waren. Mit Otto Beer stellte Landauer zudem einen Koordinator für die Jugendarbeit ein. Als 1930 auch noch der österreichisch-ungarische Trainer Richard „Little" Dombi verpflichtet wurde, waren die Weichen endgültig für den größten Erfolg eines Münchner Klubs vor dem Zweiten Weltkrieg gestellt. Dombi, der eigentlich Kohn hieß und seinen Spitznamen bei einem zurückliegenden Engagement in England bekam, hatte zuvor den TSV 1860 München und den VfR Mannheim trainiert. Aus Mannheim brachte er – zum Unmut des abgebenden Vereins – seinen besten Spieler, den Stürmer Oskar Rohr, mit. Um „Ossi" und den Bayern-Kapitän Konrad „Conny" Heidkamp baute Dombi eine Elf auf, die in der Saison 1931/32 in das Finale um die Deutsche Meisterschaft einzog. Gegner im Endspiel, das im Nürnberger Stadion stattfand, war Eintracht Frankfurt. Trotz der Weltwirtschaftskrise hatten sich Tausende Bayern-Fans auf den Weg nach Nürnberg gemacht, die meisten in einem der eingesetzten Sonderzüge. Etwa 400 Arbeitslose,

Volle Geheimhaltung, höchste Konzentration

Der FC Bayern plante die Vorbereitungen für das Finale um die Deutsche Meisterschaft 1932 akribisch. Vor allem sollten die Athleten vor dem Spiel der Spiele von der Öffentlichkeit und den Journalisten abgeschirmt werden. Trainer Richard Dombi sowie zwei Vereinsvorstände wählten das mondäne Nürnberger Hotel „Württemberger Hof" als Quartier, allerdings wurde nicht einmal Präsident Kurt Landauer über die Wahl der Herberge unterrichtet – reserviert wurde für eine 20-köpfige Reisegruppe aus Rothenburg. Auf der Fahrt von München nach Nürnberg wurden schließlich die mitreisenden Zeitungsreporter wie in einem Krimi abgeschüttelt. Bei der Ankunft am Nürnberger Bahnhof stiegen die Spieler in den auf dem gegenüberliegenden Gleis stehenden Personenzug nach Fürth um. Dort angekommen, verteilte sich die Mannschaft auf vier Taxen, die in verschiedene Richtungen davonfuhren. Erst im Hotel trafen sich die Bayern wieder – ganz ohne neugierige Journalisten im Schlepptau.

---

die sich die Fahrkarte nicht leisten konnten, bewältigten die 200 Kilometer gar mit dem Fahrrad – der FC Bayern zeigte sich spendabel und bezahlte Eintrittskarten, Verpflegung und Übernachtung für diese treuen Anhänger.

Am Endspieltag, dem 12. Juni 1932, war das Nürnberger Stadion mit 55 000 Zuschauern bis auf den letzten Platz gefüllt. Als die Mannschaften bei Sonnenschein und 30 Grad den Platz betraten, wurden sie „von unbeschreiblichem Jubel" (Coburger Zeitung) begrüßt. Nach etwa 20 Minuten des Abtastens wurde recht schnell klar, dass der FC Bayern den besseren Tag erwischt hatte. Noch vor dem Pausenpfiff fiel das 1:0 durch Oskar Rohr, der in der 36. Minute einen Handelfmeter verwandelte. Beim Schuss soll er laut Augenzeugenberichten in den Boden getreten und dadurch eine Kreidewolke aufgewirbelt haben – der gern gepflegten Legende nach meinen einige Bayern-Fans, dass die Kreidespur noch heute in der Luft zu sehen sei. In der zweiten Halbzeit stellte Eintracht Frankfurts Trainer Paul Oßwald seine Mannschaft notgedrungen um, um ein Mittel gegen den Bayern-Ansturm zu finden. Doch Franz Krumm, der 1943 als Soldat an der Ostfront sterben sollte, sorgte mit einem strammen Linksschuss in der 75. Minute für das 2:0 und die Entscheidung zugunsten der Bayern.

Was nach dem Schlusspfiff geschah, lässt sich am besten an den Erinnerungen des Bayern-Verteidigers Sigi Haringer ablesen, der in den 50er-Jahren seine fußballerischen Memoi-

Die Zeit vor der Salatschüssel

Seit 1949 wird an den Deutschen Fußballmeister die Meisterschale verliehen, auch bekannt als vielleicht begehrteste „Salatschüssel" der Welt. Doch diese Schale wurde nur angefertigt, da die ursprüngliche Trophäe verschollen war. Die Viktoria, benannt nach der römischen Siegesgöttin, wurde von 1903 bis 1944 an den jeweiligen Meister vergeben, so auch an den FC Bayern im Jahr 1932. Die Spieler des Dresdner SC waren 1944 für lange Zeit die letzten, die die Trophäe in den Händen halten durften, denn in den Wirren des Zweiten Weltkrieges verschwand der Pokal. Angeblich wurde das 20 Kilogramm schwere Stück 1944 am Dresdner Bahnhof einem Boten des Deutschen Fußballbundes übergeben; von da an verlor sich die Spur für Jahrzehnte. Erst nach der deutschen Wende wurde bekannt, dass die Viktoria – von allen bereits vergessen – noch existierte. Ein Fußballfan hatte sie zu Kriegsende angeblich vor den anrückenden Alliierten in seinem Kohlenkeller versteckt. Der Legende nach soll sie dort die Jahrzehnte überdauert haben. Doch nach neueren Erkenntnissen gelangte sie zwischen 1948 und 1952 in den Besitz des DDR-Staatssekretariats für Körperkultur und Sport, das sie in einem Archiv aufbewahrte. 1992 wurde die Viktoria offiziell wieder dem Deutschen Fußballbund übergeben und wird dem Deutschen Meister heute auf Wunsch in einer gesonderten Zeremonie überreicht – zusätzlich zur Meisterschale.

ren unter dem Titel „Ich spielte gegen die Besten der Welt“ niederschrieb: „Wir waren Deutscher Meister! Wir ritten auf den Schultern närrisch gewordener Fanatiker vom Spielfeld! Wir standen dabei, als Conny die Viktoria in Empfang nahm! In diesem Augenblick wussten wir alle eins und hatten alle den gleichen Gedanken: Das war der schönste Augenblick in unserem Leben!“

Die Rückkehr der Bayern nach München geriet zu einem Triumphzug, der den heutigen Empfängen nach einem Champions-League-Sieg in nichts nachstand. In geschmückten Kutschen fuhren die Bayern-Spieler vom Hauptbahnhof zum Marienplatz – eingerahmt von Abertausenden Fußballfans, die rot-weiße Fahnen schwenkten. Im Rathaus angekommen, wurde die Mannschaft im Großen Sitzungssaal durch Oberbürgermeister Karl Scharnagl empfangen. Ganz anders als heute fielen die anschließenden Feierlichkeiten äußerst üppig aus: Ganze zwei Wochen sollen die Spieler den Meistertitel gefeiert haben, wie man abermals den Erinnerungen Haringers entnehmen kann: „Dann die Feier unseres FC Bayern im Löwenbräukeller. Und die 14 Tage lang dauernde Festivität in allen möglichen und unmöglichen Restaurants und Bars und Nachtlokalen der Stadt: Hier trifft sich heute der Deutsche Fußballmeister. Aber nach 14 Tagen klang das ab und wir wurden langsam wieder normale Menschen.“

Mit dem Meistertitel der Bayern war allerdings noch etwas ganz anderes passiert: Der Fußball hatte sich in München endgültig gegen die immer noch vorhandenen Ressentiments durchgesetzt und war in der Gesellschaft anerkannt. Denn noch zwei Jahre zuvor hatte die Zeitschrift „Leibesübungen“ scharfe Kritik am Fußball geübt und geschrieben: „Schlägereien, Brutalitäten, gemeine Handlungen, Eifer eines gegen die andern, Geschäftsmachenschaften im Sport [...]. Es spricht für eine Entartung unseres gesunden menschlichen Empfindens und für unrichtige Beurteilung der Massenpsychose, wollte man jeden Volkssport auch ideell als erstrebenswert hinstellen.“ Was der FC Bayern München nach der Meisterschaft in seinen Klubnachrichten schrieb, lässt die Genugtuung und tiefe Zufriedenheit der Funktionäre des Vereins, die sich lange Zeit gegen Widerstände für ihren Sport eingesetzt hatten, erahnen: „Lange Jahre haben wir auf diesen Tag gewartet, wir alte Bayern, von denen jeder irgendwie und irgendwann das Seinige getan hat, um seinen ruhmreichen Klub vorwärtszubringen, der ihm mehr als Fußballspiel oder Verein, der ihm ein Stück seines Lebens bedeutet. Viele Tausende von Bayern sind im Laufe dieser drei Dezennien in der Phalanx der Streiter gestanden, sie haben unserem Fußball den Weg gebahnt aus den Zeiten der Verfemung und des Verkanntseins in den Sonnenglanz der Volkstümlichkeit."

Doch abermals sollte die politische Lage eine tiefe Zäsur in der Entwicklung des Fußballs setzen. Noch während die ausgelassenen Feiern der Bayern-Spieler im Abklingen waren, trafen sich NSDAP-Anhänger im Münchner „Zirkus Krone" zu einer Kundgebung von Adolf Hitler, der mit seiner Partei bei den Landtagswahlen starke Gewinne verzeichnet hatte und bei der Wahl zum Reichspräsidenten nur knapp gescheitert war. Vor allem für den jüdisch geprägten FC Bayern sollte sich die Lage schon bald drastisch ändern.

Berufsfußball vs. Amateurkick

Durch die Professionalisierung des Fußballs nach dem Ende des Ersten Weltkrieges drifteten die Leistungsniveaus der Mannschaften in Deutschland deutlich auseinander. Kleinere Vereine blieben auf der Strecke, große Klubs wie der FC Bayern und der TSV 1860 München entwickelten sich zu rivalisierenden Spitzenteams, die ihre Spiele unter großem Interesse der Öffentlichkeit absolvierten. Da auch die Trainingsarbeit intensiviert wurde und im Kampf um die Deutsche Meisterschaft mehrtägige Reisen durch die ganze Republik anstanden, sahen sich die Spieler dieser Klubs bald außerstande, ihren gelernten Berufen in geordneten Bahnen nachzugehen. Zudem verlangten sie ihren Anteil an den oftmals beträchtlichen Einnahmen ihrer Vereine, denn längst war der Fußball zu einem florierenden Wirtschaftszweig geworden. Die Zuschauerzahlen stiegen beständig, die Werbebanden in den Stadien waren gut gebucht und die Vermarktungsmaschinerie lief auf Hochtouren. So konnte man

etwa mit dem Kauf von Zigarettenpäckchen Sammelbilder der Spieler erwerben.
Spätestens ab Mitte der 20er-Jahre wurde deshalb von den Spielern heftig am vom Deutschen Fußballbund festgeschriebenen Amateurstatus gerüttelt. Der Verband und auch viele Klubs wollten hingegen nicht von diesem Prinzip abweichen – zum Teil aus finanziellen, zum Teil aus ideologischen Gründen: Der Fußballer sollte als heldenhaftes Vorbild auftreten, und nicht als hochbezahlter Angestellter. Um die Stars dennoch zu locken, zahlten viele der Topklubs Schwarzgeld oder umwarben die Spieler mit mietfreien Wohnungen und anderen Vergünstigungen – was bei Bekanntwerden empfindliche Strafen durch den DFB nach sich ziehen konnte. So hatte Sepp Herberger 1921 für seinen angedachten Wechsel vom SV Waldhof zu Phönix Mannheim 10 000 Mark Handgeld erhalten, was dem dreifachen Jahresgehalt eines Facharbeiters entsprach. Zwar zahlte er den Betrag wegen nicht eingehaltener Versprechen zurück und ging stattdessen zum dritten Lokalrivalen VfR Mannheim, dennoch wurde er wegen des Verstoßes gegen die Amateurstatuten für ein Jahr gesperrt. Außerdem wurde Herberger als Spieler trotz seiner unbestrittenen Klasse (der Kicker bezeichnete ihn als „besten Mittelstürmer Deutschlands") nur drei Mal in die Nationalmannschaft berufen.
Die Machtübernahme der Nationalsozialisten legte die Pläne einer Profiliga endgültig auf Eis. Österreich dagegen führte als erstes kontinentaleuropäisches Land bereits 1924 eine Liga für Berufsspieler ein, drei Jahre später gründete der österreichische Fußballbund mit dem Mitropa-Cup den ersten bedeutenden europäischen Wettbewerb für Vereinsmannschaften.

Fußball unter dem Hakenkreuz

Auch unter den Nazis wurde in München Fußball gespielt – unter veränderten Vorzeichen allerdings. Der FC Bayern, als „Judenklub“ gebrandmarkt, fiel beim Regime in Ungnade, wohingegen der TSV 1860 München tatkräftig unterstützt wurde. Als der Zweite Weltkrieg Deutschland mit voller Wucht traf, fanden Fußballspiele nur noch unter erschwerten Bedingungen statt – dennoch rollte der Ball bis fast zum Schluss.

Gleichschaltung – auch im Sport

In den Monaten nach der „Machtergreifung“ der NSDAP im Januar 1933 erfolgte in Deutschland eine Gleichschaltung in allen Bereichen des öffentlichen Lebens. Auch der Sport wurde schnell in das ideologische Konzept der Nationalsozialisten eingebunden. Natürlich war sich das NS-Regime der Massenwirksamkeit von Sportveranstaltungen bewusst und versuchte diese gezielt für seine Propaganda einzusetzen. Der seit Mitte der 20er-Jahre ungemein populäre Fußball bot sich als ideologische Projektionsfläche an wie wenige andere Sportarten, auch wenn die Fußballklubs sozial vielschichtig und keineswegs so nationalistisch wie viele reine Turnvereine eingestellt waren. Es gab in den Reihen der Fußballer eine kleine Gruppe von Widerständlern, eine größere Gruppe von Nationalsozialisten und sehr viele angepasste Mitläufer – der Fußball war damals wie heute ein Spiegelbild der Gesellschaft.

Der eklatante Widerspruch zwischen der gezielten Förderung des Spitzensports und dem von vielen Nazis geforderten Ende des Profitums macht deutlich, dass es während der NS-Herrschaft sportpolitisch verschiedene Positionen und sogar interne Machtkämpfe gab. So ließ das Regime zwar offiziell keine Berufsfußballer zu, andererseits wurden verdeckte Zahlungen der Vereine an die Spieler geduldet und einige Klubs wie der TSV 1860 München, der VfB Stuttgart oder der FC Schalke 04 organisatorisch und finanziell unterstützt. Viele Fußballklubs lieferten sich zudem ein regelrechtes Wettrennen um die Gunst der neuen Machthaber: Die süddeutschen Spitzenvereine unterschrieben am 9. April 1933 eine Erklärung zum Ausschluss von Juden und Marxisten, der Süddeutsche Leichtathletik- und Fußballverband forderte seine Klubs nur wenig später ebenfalls dazu auf, jüdische Mitglieder nicht mehr am Vereinsleben teilhaben zu lassen – obwohl es eine nationalsozialistische Sportführung zu diesem Zeitpunkt noch gar nicht gab und von der NSDAP keinerlei Druck in diese Richtung ausgeübt wurde; die „Nürnberger Rassengesetze" wurden erst im September 1935 beschlossen. Viele Sportfunktionäre traten zudem aus Karrieregründen in die NSDAP ein – beispielsweise Sepp Herberger. Berühmt wurde er als Reichs- bzw. Bundestrainer der Deutschen Fußball-Nationalmannschaft, für die er von 1936 bis 1964 verantwortlich war. Der Höhepunkt seiner Karriere war der Gewinn des Titels bei der Weltmeisterschaft 1954, deren Endspiel als „Wunder von Bern" in die Fußballgeschichte einging – ein „Wunder", das ohne Herbergers Parteimitgliedschaft vielleicht nicht stattgefunden hätte.

Auch der DFB unter dem Vorsitzenden Felix Linnemann war dem Regime von Beginn an hörig. Am 19. April 1933 veröffentlichte der Verband folgende Mitteilung: „Der Vorstand des Deutschen Fußballbundes und der Vorstand der Deutschen Sportbehörde halten Angehörige der jüdischen Rasse, ebenso auch Personen, die sich als Mitglieder der marxistischen Bewegung herausgestellt haben, in führenden Stellungen der Landesverbände und Vereine nicht für tragbar. Die Landesverbände und Vereine werden aufgefordert, die entsprechenden Maßnahmen, soweit diese nicht bereits getroffen wurden, zu veranlassen."

NS-Körperkult vs. Profisport

Der Sport, insbesondere das Turnen, war schon im Kaiserreich wichtiger Bestandteil der Erziehungs- und Ordnungspolitik gewesen. Auch für das NS-Regime hatte er eine politische Bedeutung. Der nationalsozialistische Rassismus sah den „Arier" als starken, gesunden Menschen, der durch seine sportliche Betätigung sein Leistungsvermögen steigerte. Nach der „Machtergreifung" 1933 war das NS-Regime bemüht, alle sportlichen Aktivitäten in Deutschland unter seine Kontrolle zu bringen. Leibesübungen insbesondere für Jugendliche, wurden zur Pflichtaufgabe, wie an folgender Parole der Hitlerjugend deutlich wird: „Dein Körper gehört deiner Nation, denn ihr verdankst du dein Dasein, du bist ihr für deinen Körper verantwortlich."

Die kommerzielle Ausrichtung des DFB mit Werbeverträgen und hohen Zahlungen an die Spieler stand in unübersehbarem Gegensatz zum nationalsozialistischen Körperkult. Bruno Malitz, einer der wichtigsten Sportideologen im „Dritten Reich", prangerte in seiner Schrift „Die Leibesübungen in der nationalsozialistischen Idee" die fehlende Ideologie, die Bedeutung des Geldes und den Drang zur Völkerverständigung im Fußball an. Der Profifußball und seine Befürworter, die kommerziell ausgerichteten Fußballklubs, wurden als Teil des „jüdischen Weltkapitals" gesehen und schon bald mit starken Beschränkungen konfrontiert. Kurz nach den Olympischen Spielen wurde der DFB aufgelöst und durch das Reichsfachamt für Fußball ersetzt. Der Fußball war nun komplett in der Hand der Nationalsozialisten, und insbesondere die Nationalmannschaft wurde zu einem mächtigen Instrument des Propagandaministeriums.

Auch politisch schlug der DFB einen klaren Weg ein und unterstützte die erfolgreiche Kandidatur von Hans von Tschammer und Osten für den Posten des Reichssportführers. Dieser wurde, obwohl im Sport gänzlich unerfahren, auch noch Mitglied des Deutschen Olympischen Ausschusses, übernahm die ideologi-

Hans von Tschammer und Osten (rechts) und Adolf Hitler bei den Olympischen Spielen 1936 in Berlin

sche Vorbereitung der Olympischen Spiele von 1936 in Berlin und wurde später zum Staatssekretär im Reichsministerium des Innern und zum SA-Obergruppenführer ernannt. Im SA-Hauptamt übernahm von Tschammer und Osten ab 1939 zudem die Leitung der Abteilung Kampfspiele und wurde innerhalb der nationalsozialistischen Freizeitorganisation „Kraft durch Freude" Leiter der Sektion Sport – ein mächtiger Verbündeter mit einem großen Einflussbereich, den sich der DFB da ins Boot geholt hatte.

Dennoch konnte sich DFB-Präsident Linnemann nicht mit seiner Forderung nach einer attraktiven Reichsliga, in der die deutschen Spitzenvereine gegeneinander angetreten wären, durchsetzen. Stattdessen wurden die Spielklassen im Jahr 1934 analog zu den Gauen der NSDAP eingeteilt. In den insgesamt 16 Gauen traten jeweils zehn Mannschaften gegeneinander an –

FC Wacker München – FC 1905 München 1935 in der Bayerischen Gauliga (4:2)

alles in allem spielten also 160 Teams in der höchsten deutschen Spielklasse. Damit war man weit entfernt von einer hochklassigen Profiliga, mit der der deutsche Fußball international konkurrenzfähig geblieben wäre. Die Einführung der Hitlerjugend erschwerte zudem die Nachwuchsarbeit, da immer mehr sportliche Aktivitäten in die Jugendorganisation der Nationalsozialisten verlagert wurden. Die allgemeine Wehrpflicht ab 1935 führte schließlich dazu, dass den Menschen faktisch kaum mehr Zeit blieb, Freizeitsport auszuüben. Der deutsche Fußball war an einem Tiefpunkt angelangt, was sich im blamablen Zweitrunden-Aus der Nationalmannschaft bei den Olympischen Spielen 1936 manifestierte. Vor den Augen von Adolf Hitler verlor Deutschland mit 0:2 gegen Norwegen. Dieser soll erbost noch vor Abpfiff das Berliner Poststadion verlassen haben.

Die Löwen im braunen Dunstkreis

Da die Fußballabteilung des TSV 1860 München seit ihrer Gründung fast ohne Unterbrechung einem Turnverein angeschlossen war, ergab sich automatisch ein recht nationalistisch geprägtes Mitgliederprofil. Schon in den 20er-Jahren bildeten sich in verschiedenen Abteilungen der Sechziger völkische Gruppierungen. Einige von ihnen sollen Hitler 1923 beim Marsch auf die Münchner Feldherrenhalle zur Seite gestanden haben, als dieser mit einem Putsch die Macht in München an sich reißen wollte. Ernst Müller-Meiningen, von 1920 bis 1928 Präsident des TSV, bekräftigte 1923 diese politischen Tendenz in seinem Verein: „Sportliche Wettkämpfe dürften zurzeit nicht nur nicht mit Frankreich und Belgien, sondern auch mit Italien, Polen, Tschechoslowakei etc. nicht ausgetragen werden. Wer nicht so viel nationalen Stolz hat, schadet der deutschen Turn- und Sportbewegung, und gibt denen recht, die in dieser Bewegung zersetzende Einflüsse feststellen möchten. Jetzt heißt es: nationale Interessen über alles."

Damit bezog der TSV eine Gegenposition zum international ausgerichteten FC Bayern, der sich weltoffen gab und zahlreiche Begegnungen mit ausländischen Mannschaften arrangierte. Bezeichnend war auch die Nähe der Sechziger zur „Sturmabteilung", der paramilitärischen Kampforganisation der NSDAP. Die SA entwickelte sich seit ihrer Gründung 1921 zu einer „Prügeltruppe", die politische Gegner gewaltsam einschüchterte und eine wichtige Rolle beim Aufstieg des NS-Regimes spielte. Wilhelm Brückner, SA-Mitglied und späterer Chefadjutant Hitlers, war jahrzehntelang Mitglied bei den Löwen und spielte bei den Alten Herren des TSV Fußball. Carl Krümmel, ebenfalls SA-Mitglied und ab 1937 Direktor des NS-Reichsbundes für Leibesübungen, fungierte als Trainer der Leichtathletikabteilung. Angesichts dieser Verstrickungen verwundert es nicht, dass die SA die Vereinsanlagen der Löwen für ihre Übungen mitbenutzen durfte und die Machtübernahme der Nazis beim TSV ohne großen Widerstand ablief.

Da sich jüdische Sportler ohnehin eher Vereinen wie dem FC Bayern angeschlossen hatten, musste bei den Löwen auch keine groß angelegte Ausschlussaktion von „unerwünschten" Personen stattfinden. Die wenigen jüdischen Mitglieder dürften spätestens nach mehreren Publikationen in der Vereinszeitung, die die Einführung eines „Arierparagraphen" forderten, ausgetreten sein. Noch vor der Wahl Hitlers zum Reichspräsidenten war der TSV praktisch „judenfrei". Nach der Abwahl des altgedienten Sechzig-Mitglieds Heinrich Zisch, der sich in den 1920ern mit dem Ausbau des Grünwalder Stadions verdient gemacht hatte, fungierten von 1933 bis Kriegsende ausschließlich SA- und NSDAP-Mitglieder als Vereinspräsidenten. Emil Ketterer, Chef des SA-Sanitätswesens, ausdrücklicher Befürworter des Euthanasie-Programms und von 1936 bis 1945 an der Spitze des TSV, vermeldete 1941 an den Münchner Oberbürgermeister Karl Fiehler, dass bei den Löwen „das Führerprinzip immer stärker ausgeprägt war und dass ein prozentual hoher Anteil der Mitgliedschaft sehr früh bei der Fahne Adolf Hitlers zu finden war. Siehe hohe Anzahl der Blutordensträger."

Diese Nähe zum Regime sollte sich für den TSV bald bezahlt machen. Die durch die Weltwirtschaftskrise ausgelösten Finanzprobleme und die Belastungen durch den Stadionausbau drohten den Verein zu erdrücken. Mitte der 30er-Jahre schließlich war 1860 praktisch zahlungsunfähig, da die Sparkasse und der Stadtkämmerer ein weiteres Darlehen verweigerten. 1937 kontaktierte der Vorstand deshalb den ehemaligen Präsidenten Brückner, der eine steile Karriere an der Seite Hitlers hingelegt hatte. Dieser bat bei Gauleiter Adolf Wagner um Hilfe für den TSV. Ein gewichtiges Wort, das nicht unerhört bleiben sollte. Ein Darlehen war zwar nicht möglich, aber der Münchner Stadtrat beschloss kurzerhand, das Stadion an der Grünwalder Straße zu kaufen und die Löwen so von ihrem Schuldenberg zu befreien.

Die sportliche Lücke, die der FC Bayern nach 1932 hinterließ, konnten die Löwen jedoch nicht füllen. Die neue Fußballmacht in Deutschland hieß FC Schalke 04, in der bayerischen Gauliga war der 1. FC Nürnberg unangefochtener Primus. Umso höher einzuschätzen war der Erfolg der Löwen 1942 im Tschammer-Pokal, dem Vorläufer des heutigen DFB-Pokals. Das Losglück bescherte dem TSV zwischenzeitlich leichte Gegner wie

SS Straßburg (15:1) und FV Stadt Düdelingen (7:0). Im Finale von Berlin wartete jedoch Favorit Schalke auf die Sechziger. Dank der taktischen Raffinesse von Trainer Max Schäfer und mehreren Glanzparaden von Torwart Hans Keis behielt der TSV allerdings mit 2:0 die Oberhand und feierte seinen bis dato größten Vereinserfolg. Im folgenden Jahr gelang der Schäfer-Elf immerhin noch der Gewinn der Südbayerischen Meisterschaft, woraufhin die Mannschaft von Oberbürgermeister Fiehler zu einer Feier in sein Privathaus eingeladen wurde.

Bombenangriffe der Alliierten trafen 1943 und 1944 das Vereinsheim an der Auenstraße und das Stadion an der Grünwalder Straße, dennoch setzte die TSV-Fußballabteilung als einzige Vereinssparte den Betrieb bis Kriegsende fort.

Der Klub mit dem Judenstern

Ein Jahr nach den Sechzigern, im Jahr 1944, gewann auch der FC Bayern die Südbayerische Meisterschaft. Eine Einladung des Oberbürgermeisters Fiehler, wie sie die Löwen erhalten hatten, blieb den „Roten“ jedoch verwehrt. Stattdessen erhielten die Spieler ein Buchgeschenk – mit dem Hinweis, man könne sich dieses im Sekretariat abholen. Eine Szene von symbolhaftem Charakter, denn der FC Bayern galt bei den Nationalsozialisten als ungeliebter „Judenklub“, auch wenn nur ein kleiner Teil der Mitglieder jüdischer Herkunft war. Die offizielle Begründung Fiehlers für den versagten Empfang lautete: Der FC Bayern sei „bis zur Machtübernahme von einem Juden geführt“ worden, womit Präsident Kurt Landauer gemeint war.

Rückblende: Am 12. März 1933 trafen die Bayern vor der Kulisse von 18 000 Zuschauern im Lokalderby auf den TSV 1860 München (1:2). Fast zeitgleich landete auf dem Militärflugplatz Oberwiesenfeld Adolf Hitler. Er war in der Rekordzeit von nur dreieinhalb Stunden von Berlin zu seinem Antrittsbesuch in die Hauptstadt der Bewegung geflogen – wenige Tage nach dem Erfolg der NSDAP bei der Reichstagswahl. Der jüdische Bayern-Präsident Landauer stand zu diesem Zeitpunkt noch an der Seitenlinie seiner Mannschaft, nur wenig später war er jedoch einer der ersten, die den Verein auf Druck des NS-Regimes verlassen mussten. Nicht einmal ein Jahr, nachdem er den FC Bayern zur Deutschen Meisterschaft geführt und für den bis dahin größten Erfolg des Münchner Fußballs gesorgt hatte, legte er am 22. März 1933 notgedrungen sein Amt nieder, da Juden von den Nationalsozialisten nicht länger in verantwortungsvollen Positionen geduldet wurden. Er nahm seinen Rücktritt, da er Nachteile für den FC Bayern, den er als sein Lebenswerk ansah, vermeiden wollte. Kurz darauf verlor Landauer im Zuge der „Arisierung" auch noch seine Arbeitsstelle als Leiter der Anzeigenabteilung bei den Münchner Neuesten Nachrichten. Für einen deutlich geringeren Lohn kam er im Wäschegeschäft der befreundeten Familie Klauber unter.

Die Führung beim FC Bayern übernahm zunächst Siegfried Herrmann, Vizepräsident, Jugendleiter und ein guter Freund Landauers. Der zurückgetretene Präsident soll in der Zeit nach seinem Rückzug im Hintergrund über seinen Vertrauensmann Herrmann weiter die Strippen gezogen haben. Doch als dieser 1934 wiederum von Karlheinz Öttinger abgelöst wurde, verlor auch Landauer seinen Einfluss auf den Verein – gern gesehener Gast auf Versammlungen und Vereinsfesten blieb er jedoch zunächst. Der neue Präsident Öttinger war zwar kein Nationalsozialist, kam aber aus der konservativ eingestellten Skiabteilung, die sich auch bei den Bayern mehr und mehr zum Sammelbecken für Nazis entwickelte.

Neben Landauers Rücktritt traf den FC Bayern auch die von den Nationalsozialisten durchgeführte Reamateurisierung des Sports hart. Mit seinen modernen Strukturen und der internationalen Ausrichtung war der Verein auf bestem Wege gewesen, eine neue Ära im deutschen Fußball zu prägen. Doch unter den Nazis galt Profifußball als „jüdische Angelegenheit", Zahlungen an Spieler wurden offiziell nicht länger geduldet – auch wenn bei den Lieblingsklubs des Regimes wie beispielsweise Schalke 04 oftmals mehr als nur ein Auge zugedrückt wurde. Die Bayern als „Judenklub" kamen jedoch nicht in den Genuss solcher Zugeständnisse. Die Zeitschrift Fußball-Woche schrieb: „Nicht überall ist die Umstellung vom Spesen-Amateur auf den

‚bargeldlosen' Amateur von heute auf morgen ohne Verlust möglich gewesen. Besonders schwer scheint es in dieser Hinsicht Bayern München gehabt zu haben." Oskar Rohr, der den Bayern noch ein Jahr zuvor als Kopf der Mannschaft zur Meisterschaft verholfen hatte, wechselte angesichts der politischen Entwicklungen 1933 zu Grashoppers Zürich. Von der Zeitschrift „Fußball" wurde der Leistungsträger mit Häme verabschiedet: Er sei als „Gladiator ins Ausland verkauft" worden, schrieb das Blatt. Meistertrainer Richard Dombi, der wie Landauer jüdischer Herkunft war, verließ ebenfalls umgehend das Land.

Ohne den Präsidenten, den Trainer und die wichtigsten Spieler ging es nach der „Machtergreifung" der Nationalsozialisten für den FC Bayern stetig bergab. Zudem sanken die Zuschauerzahlen wegen der Absenz attraktiver Begegnungen zeitweise unter 10 000. Im Jahr 1939 folgte der sportliche Tiefpunkt: Der Verein war auf dem Papier bereits abgestiegen, einzig der Kriegsausbruch verhinderte die Versetzung der Bayern in eine untere Spielklasse.

Auch das Schicksal Landauers nahm eine dramatische Wendung: Er wurde 1938, einen Tag nach der Reichspogromnacht, im Wäschegeschäft Klauber in der Theatinerstraße verhaftet und für 33 Tage im Konzentrationslager Dachau eingesperrt. Nur seine Leistungen im Ersten Weltkrieg, für die er mit dem Eisernen Kreuz ausgezeichnet worden war, bewahrten ihn vor noch Schlimmerem. Nach seiner Entlassung aus dem KZ gelang ihm 1939 mit Hilfe von Freunden die Flucht in die Schweiz. Vier seiner sechs Geschwister wurden dagegen von den Nationalsozialisten festgehalten und in den kommenden Jahren ermordet.

Erst ab der Saison 1942/43 übernahm beim FC Bayern ein überzeugter Nationalsozialist die Führung: der Bankier und Gausportwart Josef Sauter. Dennoch geriet Landauer nicht in Vergessenheit, vor allem die Spieler trauerten den erfolgreichen Zeiten unter dem knorrigen Ur-Münchner nach. Als die Bayern 1943 zu einem Freundschaftsspiel in Zürich antraten, suchte der immer noch im Schweizer Exil lebende Landauer den Kontakt zu seiner Mannschaft und wollte Interimstrainer Conny Heidkamp, der 1932 unter ihm Spielführer war, eine Nachricht mit

Verfolgt, ermordet, vergessen: Otto Albert Beer

Der jüdische Textilkaufmann Otto Albert Beer, der in den Weimarer Jahren eine wichtige Rolle beim Aufbau der Jugendabteilung des FC Bayern gespielt hatte, wurde wie Kurt Landauer nach der „Machtergreifung" der Nationalsozialisten aus dem Verein ausgeschlossen. Wie viele andere Juden in Deutschland trat er notgedrungen einem rein jüdischen Sportverein bei: 1936 wurde er Sportwart des Jüdischen Turn- und Sportvereins München. Doch die Blütezeit des jüdischen Sportlebens in Deutschland währte nur kurz: Nach dem Novemberpogrom löste die Gestapo alle jüdischen Organisationen des Landes auf, darunter auch die Sportvereine. Es kam zu Massenverhaftungen, und Beer wurde zusammen mit Kurt Landauer im KZ Dachau interniert. Er kam zwar wie der Bayern-Präsident nach 33 Tagen wieder frei, konnte Deutschland aber nicht mehr rechtzeitig verlassen. Am 20.11.1941 wurde Beer nach Litauen in das KZ Kaunas deportiert und fünf Tage später ermordet – gemeinsam mit seiner Frau und seinen beiden Söhnen.

---

einem geheimen Treffpunkt zukommen lassen. Die mitgereiste Gestapo verhinderte die Zustellung des Briefes jedoch. Was die Aufpasser in der neutralen Schweiz jedoch nicht kontrollieren konnten: Unter den Zuschauern des Freundschaftsspiels war auch der ehemalige Bayern-Präsident. Den Erinnerungen von Heidkamps Frau zufolge sollen die Spieler zur Tribüne gerannt sein und Landauer mit Applaus bedacht, ihm vielleicht sogar die Hand geschüttelt haben – eine mutige Huldigung, da dies vor den Augen der Gestapo stattfand und durchaus harte Strafen hätte nach sich ziehen können.

Wie beim TSV 1860 München lief auch beim FC Bayern der Spielbetrieb bis zum Ende des Zweiten Weltkrieges so weit wie möglich weiter – auch als die erst 1932 errichtete Geschäftsstelle in der Weinstraße 1944 bei einem Bombenangriff völlig zerstört wurde.

Die Meisterschaftsspiele in Deutschland gingen nach dem Kriegsbeginn 1939 zwar weiter, der sportliche Wert der Meisterschaftsrunden war indes fraglich: Vereinswechsel waren verboten, Soldaten durften lediglich durch Fußballvereine am Ort ihrer Stationierung eingesetzt werden. Ab 1942 kamen auch noch Reisebeschränkungen hinzu: Die Mannschaften durften zu Auswärtsspielen nicht weiter als 50 Kilometer fahren, Spiele gegen Jahn Regensburg waren den Münchner Vereinen nur mit Ausnahmegenehmigungen möglich. 1943 holte der FC Bayern zwar gegen Wacker München die Gaumeisterschaft, bei dieser handelte es sich wegen der Reisebeschränkungen aber eigentlich nur noch um eine Stadtmeisterschaft. Die Partie wurde im Dantestadion ausgespielt, da Spiele im Grünwalder Stadion zu diesem Zeitpunkt schon zu riskant waren – dieses war kurz zuvor Ziel eines Bombenangriffes geworden. Ab 1944 nahmen die Luftangriffe der Alliierten in Deutschland deutlich zu, nicht selten mussten Fußballspiele deshalb abgebrochen werden. Dennoch strömten die Menschen weiter in Massen zu großen Sportereignissen. Um nicht zur Zielscheibe eines Bombenangriffes zu werden, wurde der Endspielort des Spieles um die Deutsche Meisterschaft 1944 geheim gehalten und erst am Morgen des Spieltages bekannt gegeben. Trotzdem kamen etwa 70 000 Menschen zur Partie des Dresdner SC gegen den Luftwaffen-Sportverein Hamburg im Berliner Olympiastadion (4:0).
Kurz zuvor, im März 1944, waren im akut von Bomben bedrohten Köln eine Stadtauswahl und die Militärmannschaft „Rote Jäger" aufeinandergetroffen (1:5). 12 000 Zuschauer jubelten den Teams unter Lebensgefahr zu. Fritz Walter, der 1954 als einer der Helden von Bern in die Sportgeschichte eingehen sollte und während des Krieges für die „Roten Jäger" auflief, sagte über diese Partien zu Kriegszeiten: „Der Fußball machte das übrige Leben – sofern man es noch Leben nennen kann – erträglich." Auch für das NS-Regime hatten die Sportereignisse einen Zweck: Sie sollten die Menschen bei Laune halten und vom Kriegsschrecken ablenken, genauso wie das Fronttheater und die UFA-Filme.

Erst als ab September 1944 der Volkssturm ausgerufen und alle Männer zwischen 16 und 60 eingezogen wurden, wurden in Deutschland keine Meisterschaftsrunden im Fußball mehr ausgetragen, sondern nur noch Freundschaftsspiele. Das letzte bekannte Spiel auf deutschem Boden vor Kriegsende fand am 23. April 1945 statt: Als die amerikanischen Truppen fast schon vor München standen, nur eine Woche vor Hitlers Selbstmord, trennten sich die Bayern und die Sechziger mit 3:2. Am Morgen des Spieltages hatten die Bayernspieler einen ihrer Mannschaftskameraden, der bei einem Luftangriff ums Leben gekommen war, aus den Trümmern seines Hauses geborgen.

Vom zerbombten „Grünwalder“ unters berühmte Zeltdach

Nach dem Ende des Zweiten Weltkrieges hatten die Münchner anderes im Sinn als den Wiederaufbau ihrer Fußballstadien – sollte man meinen. In Wahrheit jedoch wurden die Spielstätten so schnell wie möglich wieder hergestellt – wenn auch zumeist nur provisorisch. Denn wie schon während des Krieges gierten die Menschen nach Ablenkung vom tristen Alltag. Das Grünwalder Stadion wurde nur wenige Monate nach dem Ende des NS-Regimes aus den Trümmern wieder aufgebaut und in den Nachkriegsjahren sukzessive erweitert – bis München Anfang der 70er-Jahre mit dem Olympiastadion einen neuen Fußballtempel und ein neues architektonisches Wahrzeichen bekam. Unter dem weltberühmten Zeltdach wurden über Jahrzehnte denkwürdige Duelle ausgetragen, sowohl zwischen Vereins- als auch Nationalmannschaften. Für den FC Bayern erwies sich die neue Spielstätte als Segen, wohingegen der TSV 1860 dort nie richtig heimisch wurde.

Neubeginn auf Trümmern

Die beiden großen Münchner Sportstätten, das Grünwalder und das Dantestadion, waren während des Krieges von Bomben getroffen worden; an ein Fußballspiel vor Publikum war dort zunächst nicht zu denken. Vor allem die Heimat der Sechziger hatte es schwer erwischt: Bombentrichter auf dem Spielfeld, völlig zerstörte Tribünen und ruinierte Stehwälle. Dennoch fand hier bereits im August 1945 die erste große Fußballpartie der Münchner Nachkriegsgeschichte statt: Die Löcher im Rasen rasch zugeschüttet und die Trümmer notdürftig beiseitegeräumt, drängten sich 12 000 Zuschauer auf den Resten der Tribüne, um das Derby des FC Bayern gegen 1860 München (4:0) zu sehen. Da die Haupttribüne und die darin befindlichen Umkleiden und Waschräume nicht mehr existierten, mussten sich die Spieler in privaten Wohnungen rund um das Stadion umziehen. Für ein paar Schachteln Zigaretten oder andere „harte Währungen“ waren die Nachbarn aber gerne bereit, ihre Türen für die Fußballer zu öffnen. Und auch die Sportler selbst nahmen diese Unannehmlichkeiten gerne in Kauf – Hauptsache es konnte wieder Fußball gespielt werden.

Bereits im November 1945 wurde in Bayern, Hessen und Württemberg-Baden wieder ein geregelter Spielbetrieb eingerichtet: die Oberliga Süd unter Beteiligung der „Blauen“ und „Roten“. In der Folge wurden auch die nötigsten Arbeiten am Grünwalder Stadion durchgeführt, von einer grundlegenden Sanierung konnte in Zeiten akuter Ressourcenknappheit aber keine Rede sein. Ein Zaun wurde um das Spielfeld gezogen, die Kassenhäuschen wieder eröffnet und sogar die Toiletten waren wieder benutzbar. Die Tribünen lagen jedoch nach wie vor in Trümmern. Unter sicherheitstechnisch unvorstellbaren Zuständen müssen sich im Dezember 1947 die 42 000 Zuschauer in das baufällige Stadion gedrängt haben, um eine Neuauflage des Derbys zwischen den Bayern und den Löwen (3:2) mitanzusehen.

Doch selbst diese spektakuläre Zuschauermarke sollte schon bald wieder übertroffen werden: Als der TSV 1860 München am 14. März 1948 den 1. FC Nürnberg empfing, war die Zahl der Eintrittskarten eigentlich auf 45 000 beschränkt. Unter dubiosen Umständen wurden jedoch tausende zusätzliche Karten verkauft, und schon Stunden vor dem Spiel war das Grünwalder Stadion heillos überfüllt. So sollen sich bis zu 60 000 Menschen im Stadion aufgehalten haben. Polizeipräsident Franz Xaver Pitzer ließ die Partie daher bereits am Mittag des Spieltages absagen, um der unkontrollierbaren Situation Einhalt zu gebieten. Doch diese Entscheidung erreichte Adalbert Wetzel, den Vorsitzenden der Fußballabteilung und späteren Präsidenten, angeblich zu spät. Die Partie wurde wie geplant angepfiffen, und die Löwen siegten – sensationell! – mit 2:1. Über Verletzte oder gar Tote im völlig überfüllten Stadion ist nichts bekannt, was einem Wunder gleichkommt,

Das Grünwalder Stadion im Jahr 1954

denn nach wie vor klafften nicht nur große Löcher in den Tribünen, auch sonst drohte den begeisterten Fans auf Schritt und Tritt Lebensgefahr.

Der Münchner Oberbürgermeister Karl Scharnagl sah sich genötigt, sofort nach dem Spiel einzugreifen und das offizielle Fassungsvermögen des Grünwalders auf 35 000 zu reduzieren, um in Zukunft einer Katastrophe vorzubeugen. Gleichzeitig sah Scharnagl aber auch die Notwendigkeit einer umfassenden Sanierung und eines langfristig angelegten Stadionausbaus – zu Recht, denn die fußballverrückten Münchner strömten in den Jahren des anlaufenden Wirtschaftswunders begeistert in die Spielstätten. Schon im Jahr darauf waren jedenfalls die nötigsten Arbeiten am Grünwalder abgeschlossen; nunmehr passten ganz offiziell 50 000 Zuschauer in die Traditionsarena auf dem Giesinger Berg. Sogar der Kohleofen, der das Wasser für die Duschen der Spieler erhitzte, funktionierte wieder. Das Grünwalder Stadion war nun das achtgrößte Stadion der Bundesrepublik Deutschland. Und noch viel wichtiger: Mit der äußeren Gestalt war auch sein Nimbus wiederhergestellt; jetzt rangierte das „Sechzger“ wieder ganz oben in der Riege der großen deutschen Sportstätten.

Gefährliche Hinterlassenschaft des Krieges

Während die besten Fußballer Deutschlands Woche für Woche über den Rasen im Grünwalder Stadion liefen, lauerte unter ihnen eine tödliche Gefahr: Im Mai 2012 wurde bei Umbauarbeiten eine Fliegerbombe aus dem Zweiten Weltkrieg entdeckt – mitten im Strafraum und nur etwa eineinhalb Meter unter der Erdoberfläche. Der 225 Kilogramm schwere Blindgänger war wahrscheinlich 1943, als Giesing von einem verheerenden Luftangriff getroffen wurde, von einem US-amerikanischen Flugzeug abgeworfen worden. Einem Sprengkommando gelang es, die Bombe zu entschärfen, aus Sicherheitsgründen musste das Gebiet rund um das Stadion großräumig abgesperrt werden.

Glanzvolle Jahre auf Giesings Höhen

Zugegeben, das Bramall Lane im nordenglischen Sheffield (erbaut 1855) ist weltweit das älteste Stadion, in dem noch Profifußball gespielt wird. Hier wurde 1878 auch das erste Fußballspiel unter Flutlicht abgehalten – vor etwa 20 000 zahlenden und 6000 heimlich in der Dunkelheit eingeschlichenen Zuschauern. Im Grünwalder Stadion fand die erste Partie unter künstlicher Beleuchtung erst 1955 statt, doch damit war der TSV 1860 München immer noch einer der Vorreiter in Deutschland. Für die Begegnung gegen Hajduk Split lieh sich der Verein Scheinwerfer von der Bavaria Film und montierte sie unter die Tribünendächer. Die Sicht war mehr schlecht als recht, dennoch entwickelten die Duelle unter Flutlicht sich schnell zum gesellschaftlichen Abendereignis in der Stadt.

Anfangs wurden nur Freundschaftsspiele in den Abendstunden ausgetragen, doch die Sechziger machten das durch die Auswahl attraktiver Gegner, oftmals aus dem Ausland, wieder wett. In den kommenden Jahren wurde die Beleuchtung im „Sechzger“ stetig ausgebaut; die Planung übernahm der bekannte Architekt Professor Rudolf Ortner, der in Dessau am

Bauhaus unter Größen wie Ludwig Mies van der Rohe und Wassily Kandinsky studiert hatte. Er verantwortete zugleich auch den bis dahin radikalsten Umbau des Stadions: Die Leichtathletikanlagen wurden 1958 aus dem weiten Rund verbannt. Damit wandelte Ortner das Grünwalder in ein reines Fußballstadion um. Zudem ließ der Architekt an der Stelle, an der sich bisher nur aufgeschüttete Erdhügel befanden, eine Ost- und Westkurve errichten. Die Stehtribünen boten Platz für über 30 000 Zuschauer, machten aus dem Stadion einen der sprichwörtlichen „Hexenkessel" und schufen so die einzigartige Atmosphäre, die den Rahmen für zahlreiche sportliche Highlights der 1960er-Jahre bildete.

Ein Ort für Nostalgiker

Die vier 52 Meter hohen Flutlichtmasten aus der „Ära Ortner" erleuchten noch heute das Spielfeld im Grünwalder Stadion. Ein anderer Teil ist sogar seit dem Stadionbau 1925 in seiner Grundform weitgehend erhalten geblieben: die legendäre Haupttribüne, die dem Stadion nach seiner Errichtung den Spitznamen „Zündholzschachterl" verlieh. Sie ist der einzige Ort, an dem die Anfangsjahre des Fußballs in München noch baulich sichtbar sind.

Kurz nach dem Ausbau gastierte der FC Santos mit dem schon damals legendären Pelé in Giesing. Das „ballet blanco" („weißes Ballett") siegte am 27. Mai 1960 zwar mit 9:1 gegen die Sechziger, doch die Botschaft war klar: Der TSV hatte ein Stadion von internationalem Format und wollte nun auch die entsprechenden Gegner hier präsentieren. Noch im selben Jahr war das Grünwalder Stadion Schauplatz des ersten Länderkampfes nach dem Ausbau: Eine süddeutsche Auswahl und Zentralungarn trennten sich mit 3:3. Der Ansturm der Zuschauer war wieder einmal gewaltig: Vor dem Spiel war ein Zugangstor eingedrückt worden und die Massen strömten unkontrolliert in das Stadion. Offiziell waren 51 800 Zuschauer zugelassen, an diesem Abend sollen sich jedoch fast 60 000 Menschen hineingedrängt haben. Zum wiederholten Male war der Münchner Fußball nur knapp an einer Katastrophe vorbeigeschrammt.

Ab 1962 wurden die ersten Europapokalspiele im Stadion an der Grünwalder Straße ausgetragen. Der FC Bayern war für den Messepokal, den Vorläufer des UEFA-Pokals, eingeladen worden. Bis ins Finale, wo sich meist englische und spanische Teams duellierten, schafften es die Bayern zwar nicht, dennoch war das Grünwalder Stadion mit diesen internationalen Partien um eine weitere Attraktion reicher. Als 1963 auch noch die Bundesliga mit dem TSV 1860 München in ihre erste Saison startete, stiegen die Zuschauerzahlen in neue Höhen. Schon in der ersten Spielzeit verzeichneten die Löwen einen Zuschauerschnitt von 32 000. Die Bundesliga brachte außer Fußball auf Spitzenniveau und davon begeisterten Massen aber auch schwer zu kontrollierende Emotionen und damit neue Sicherheitsbestimmungen mit sich. So mussten Zäune vor den Tribünen errichtet werden, um die Fußballer vor geworfenen Gegenständen wie Flaschen zu schützen. Die Süddeutsche Zeitung brachte die neuen Zwänge auf den Punkt: „Die Löwen müssen im Käfig spielen." Der Rasen war dabei nicht immer in bestem Zustand, da mindestens ein Mal pro Woche ein Heimspiel der Sechziger oder der Bayern anstand. Ohne die rückgebauten Leichtathletikanlagen gab es für die Spieler zudem keinen Platz mehr, sich aufzuwärmen. Das Warmlaufen fand deshalb nicht selten auf der Straße hinter der Haupttribüne statt – auf Tuchfühlung mit den Fans.

An sportlichen Höhepunkten hatte das Stadion an der Grünwalder Straße in den 60er-Jahren dafür fast alles zu bieten, was das Fußballherz begehrt. Neben den erwähnten Freundschafts- und Länderspielen ebneten die Löwen hier den Weg zu ihrem Pokalsieg 1964. Ein Jahr später räumte der TSV vor heimischer Kulisse im Europapokal der Pokalsieger hochklassige Gegner wie den FC Porto oder AC Turin aus dem Weg, und 1966 sicherten sich die Sechziger schließlich den Meistertitel. Der Pokalsieg ging an den FC Bayern. Das Grünwalder Stadion war spätestens jetzt zum Hauptschauplatz des deutschen Fußballs geworden – und zu jenem mythischen Ort, dessen Strahlkraft auch heute noch nicht verschwunden ist.

Anwohner im und neben dem Stadion

In der 1925 errichteten Haupttribüne des Grünwalder Stadions waren Wohnräume für den Wirt der Stadiongaststätte und den Platzwart untergebracht. Nach dem Ende des Zweiten Weltkrieges durften vorübergehend auch Wohnungslose in den Räumen unter der Sitztribüne nächtigen. Während die Wirtsleute bereits 1929 aus dem Stadion auszogen, musste der Platzwart erst 1963 seine Wohnung räumen, da die Mannschaftskabinen für die Fußball-Bundesliga erweitert werden mussten. Von nun an war niemand mehr mit Hauptwohnsitz an der Grünwalder Straße 4 gemeldet.

Dafür wurden jetzt die Blendingers stadtbekannt: Hans Blendinger und seine Frau Wally besaßen seit 1934 eine Wohnung auf der gegenüberliegenden Straßenseite mit bestem Blick auf das Spielfeld. Als kurz nach dem Krieg die Umkleiden im Stadion noch nicht benutzbar waren, stellten sie ihre Wohnung als Mannschaftskabine zur Verfügung, und in den 60er-Jahren, als im Grünwalder Stadion der beste Fußball Deutschlands gespielt wurde, avancierte ihr Wohnzimmer bei Spielen der Löwen zum begehrten Logenplatz für Verwandte und Freunde.

Als der damalige Löwen-Präsident Karl-Heinz Wildmoser dem Ehepaar 1995 Karten für den neuen Spielort Olympiastadion anbot, lehnten diese dankend ab. Einmal Grünwalder, immer Grünwalder – kaum jemand war so verbunden mit dem „Sechzger" wie sie. 2005 war die Zeit der vielleicht bekanntesten Löwenfans vorbei: Hans Blendinger verstarb und seine Frau Wally zog in ein Altenheim um.

Abschied vom Schmuckstück

Als der FC Bayern München 1969 im Grünwalder Stadion seine zweite Deutsche Meisterschaft feierte, war bereits klar, dass der ehrwürdige Spielort keine Zukunft haben würde. 1966 hatte das Internationale Olympische Komitee die Sommerspiele 1974 an die Stadt München vergeben. Auf dem Oberwiesenfeld, zu Fuße des 1968 erbauten Fernsehturmes, entstand bereits der großflächige Olympiapark mit dem Olympiastadion als Herzstück. Mit dieser neuen Sportstätte stieß der Fußball in München in neue Dimensionen vor: Hatte das Stadion an der Grünwalder Straße nur etwa 4000 Sitzplätze vorzuweisen, waren es unter dem vom Architekten Günter Behnisch entworfenen Zeltdach gut zehnmal so viele. Insgesamt war das Olympiastadion für 80 000 Zuschauer ausgelegt. Der Ausbau der U-Bahn sorgte zudem für eine gute Anbindung an die Innenstadt.

Die Bayern und die Löwen versprachen sich durch den neuen Spielort deutlich höhere Zuschauereinnahmen, die auch dringend nötig waren, denn die bisherigen Pflichtspiele, selbst wenn internationale Begegnungen hinzukamen, deckten kaum die Unkosten. Daher absolvierten die Klubs zahlreiche Freundschaftsspiele: Der FC Bayern trat zum Teil über 80 Mal pro Saison an. Für ein Gastspiel bei Inter Mailand beispielsweise flossen 70 000 Mark in die Kassen der Bayern – für die Regeneration der Spieler waren diese Tourneen durch Europa freilich Gift.

Als gegen Ende der 60er-Jahre Mängel an der Bausubstanz des Grünwalder Stadions entdeckt wurden, gab es deshalb nicht einmal mehr den Versuch einer umfassenden Sanierung, denn der Umzug in die neue, repräsentative Heimat der Bayern und Löwen stand kurz bevor.

Die letzten Jahre in Giesing brachten zwar weitere sportliche Erfolge, aber auch unerfreuliche Ereignisse mit sich. In der Nacht auf den 30. Januar 1971 brach ein Brand in der Haupttribüne aus, der historische, aus Holz gezimmerte Dachstuhl stand in Flammen. Die Polizei ging von Brandstiftung aus, der oder die Täter wurden jedoch nie gefasst, ebenso blieb das Motiv im Unklaren. Der Münchner Stadtrat genehmigte jedoch den sofortigen Wiederaufbau der Tribüne, die fast im Originalzustand wiederhergestellt wurde. Mit dem Aufstieg des FC Wacker in die zweitklassige Regionalliga tummelten sich zudem nun drei Vereine im „Sechzger“, was zu Lasten des ohnehin schon arg strapazierten Rasens ging.

Als der FC Bayern 1972 seine dritte Deutsche Meisterschaft feierte, trug er das entscheidende letzte Spiel gegen

Schalke bereits im soeben fertiggestellten Olympiastadion aus. Der TSV 1860, der 1970 überraschend in die Regionalliga abgestiegen war, überdachte nach einem völlig verkorksten Start in die Saison 1972/73 seinen Umzug in die neue Spielstätte noch einmal. Ein Orkan im November 1972 verursachte dann große Schäden an den Tribünen und am Dach. Das Olympiastadion wurde zunächst zur Ausweichlösung für die Löwen, wegen der – auch in der zweithöchsten Spielklasse – deutlich größeren Zuschauereinnahmen entschloss sich der TSV aber schließlich doch zum Bleiben. Auch der FC Wacker verließ nach dem Abstieg aus der Regionalliga das Tollhaus an der Grünwalder Straße und trug seine Heimspiele fortan wieder auf dem eigenen Platz im Münchner Stadtteil Sendling aus.

Das Grünwalder Stadion heute

Die zweiten Mannschaften des TSV 1860 und des FC Bayern München, die A-Junioren der Löwen sowie die Frauenmannschaft der Bayern sind heute die Hauptnutzer des Städtischen Stadions an der Grünwalder Straße. Von 1988 bis 1992 trug zudem der in die Bayernliga aufgestiegene SV Türk Gücü München hier seine Heimspiele aus. Nach einer Studie des Münchner Sportamts aus dem Jahr 1997 weist das Grünwalder Stadion „die höchste Nutzungsdichte aller Fußballstadien in Deutschland" auf. So fanden dort in der Saison 2008/09 insgesamt 90 Partien statt. Allerdings gab es im Jahr 2006 zum wiederholten Male im Münchner Stadtrat Abrisspläne, da der Unterhalt der altehrwürdigen Sportstätte kostspielig war. Dennoch beschloss der Stadtrat 2009, das Stadion für über zehn Millionen Euro zu sanieren. Erst- und zweitligatauglich sollte das „Sechzger" aber nicht gemacht werden; entsprechende Umbauplanungen des TSV 1860 München wurden abgelehnt. Die Rückkehr der Löwen in ihre alte Heimat dürfte, solange sie im Profifußball spielen, damit endgültig ad acta gelegt worden sein.

Das Jahr 1972 markiert so das vorübergehende Ende des Profifußballs im Grünwalder Stadion. Der Stadtrat beschloss 1973, die Sportanlage für den Breitensport zu öffnen – aus dem ehemaligen Münchner Prunkstück war eine Bezirkssportanlage geworden; sogar Abrisspläne kamen auf. Doch der TSV 1860 München sollte bis zum Jahr 2005 regelmäßig in sein angestammtes Stadion zurückkehren. Bis heute ist das „Sechzger" die eigentliche Heimat der Löwen geblieben – und das Schicksal des Vereins, so sollte sich herausstellen, war immer eng an den Spielort gebunden.

Eine neue Ära unterm Zeltdach

Am 26. Mai 1972, auf den Tag drei Monate vor der Eröffnung der Olympischen Spiele in München, wurde das Olympiastadion mit der Partie Bundesrepublik Deutschland gegen die UdSSR offiziell eingeweiht. Ein hochklassiges Match, was alleine schon die Tatsache beweist, dass sich diese beiden Mannschaften nur vier Wochen später erneut gegenüberstanden: im Finale der Fußball-Europameisterschaft in Belgien; 3:0 gewann die deutsche Mannschaft. Obwohl das Olympiastadion bei seiner Eröffnung mit 80 000 Zuschauern bis auf den letzten Platz ausverkauft war, mochte so recht keine Stimmung aufkommen. Erst als Gerd Müller in der zweiten Halbzeit alle deutschen Treffer zum 4:1-Endstand erzielte, war das Eis am neuen Spielort gebrochen.

Dennoch machte sich schon bei der Premiere ein Makel bemerkbar, der dem Olympiastadion über drei Jahrzehnte lang anhaften sollte: Fehlte auf dem Spielfeld das ganz große Spektakel, war die Stimmung überaus träge. Von den Rängen sprang der Funke so gut wie nie auf die Spieler über. Heimvorteil? – Fehlanzeige! Das Stadion wirkte zwar großzügig, elegant und komfortabel, im Gegensatz zum Grünwalder Stadion fehlte es hier trotz nobler, moderner Architektur aber an der spezifischen Fußball-Dramatik, die auch berühmt-berüchtigte Spielstätten wie das Old Trafford in Manchester oder das San Siro in Mailand auszeichnet. Und noch ein Nachteil sollte sich mit der

Das Olympiastadion

Zeit bemerkbar machen: In den Herbst- und Wintermonaten wurde das Stadion oftmals zum Eisschrank. Ein merkwürdiger, meist nur im Stadion wahrnehmbarer Wind strich über die Tribünen und ließ die Zuschauer frösteln. Auch den Journalisten, die früher noch mit dem Füllfederhalter auf Papier schrieben oder eine Schreibmaschine vor sich stehen hatten, wurde bei Unachtsamkeit schon mal das Blatt mit dem Spielbericht vom Tisch geweht.

Heimliches Premierenspiel

Die inoffiziell erste Partie im Olympiastadion fand unter Ausschluss der Öffentlichkeit statt – ganz ohne Nationalhymnen und mehrere Wochen vor der offiziellen Eröffnung. Münchner Sportjournalisten hatten sich mit der Schwabinger Kneipenmannschaft „Säge" zu einem Match auf dem Aufwärmplatz hinter dem Stadion verabredet. Dieser war allerdings bereits besetzt. Karl Eisgruber von der Münchner Olympiagesellschaft sagte ganz unbürokratisch: „Dann spuits halt im Stadion." Das Ergebnis der Partie ist nicht bekannt.

In den Jahren nach seiner Fertigstellung erwies sich das Olympiastadion trotz der Mängel allerdings tatsächlich als der Ort, der eine goldene Zukunft Wirklichkeit werden ließ – zumindest für den FC Bayern. Als der TSV 1860 im Jahr 1966 die Meisterschaft feierte, sagte Präsident Adalbert Wetzel mit einer bösen Vorahnung: „Jetzt haben wir eine große Mannschaft, aber kein großes Stadion. Hoffentlich kommt der Bau eines Großstadions nicht zu spät. Wenn wir doch nur schon das Olympiastadion hätten." Die Löwen waren zwar an ihrem sportlichen Höhepunkt angekommen, konnten aber kein Kapital daraus schlagen und sich vor allem kein finanzielles Polster zulegen, da die Zuschauereinnahmen überschaubar waren. Der Bau des Olympiastadions kam in der Tat einige Jahre zu spät. So blieb die Meisterschaft 1966 für die Löwen ein Triumph ohne Wiederholung.

Der FC Bayern dagegen hatte eine junge Mannschaft, die ihren Zenit noch vor sich hatte. Die Eröffnung des Olympiastadions kam für sie gerade noch rechtzeitig, um ein Haar hätte aber auch diese Geschichte einen anderen Lauf genommen – und vielleicht wäre dem FC Bayern gar die Entwicklung zum Krösus des deutschen Fußballs verwehrt geblieben: Der Klub stand in der Saison 1971/72 sportlich zwar ganz oben in der Tabelle, finanziell aber mit dem Rücken zur Wand. Als es am letzten Spieltag gegen den direkten Verfolger FC Schalke 04 um den Meistertitel ging, bot sich die Chance, dieses entscheidende Duell im wenige Wochen zuvor eröffneten Olympiastadion auszutragen. Das Spiel wurde – untypisch für ein Bundesligafinale – an einem Mittwochabend unter Flutlicht angesetzt. „Eingeweiht haben wir das Olympiastadion in München gegen die Schalker, die mit einem Punkt Rückstand hinter uns auf Platz zwei lagen. Dieses Spiel wurde für mich zu einem unglaublichen Erlebnis, vor allem wegen dieses wunderbaren Rasens. Ich habe nie auf einem besseren Rasen gespielt", erinnerte sich Uli Hoeneß, der damals noch am Anfang seiner Karriere stand. 80 000 Zuschauer wollten die attraktive Begegnung sehen, was den Bayern nicht nur die passende Kulisse für den souveränen 5:1-Sieg lieferte, sondern auch noch 1,2 Millionen Mark Erlös aus dem Ticketverkauf in die leeren Kassen spülte. Die Bayern waren nicht nur zum dritten Mal Deutscher Meister, sondern mit einem Schlag auch finanziell saniert. Darüber hinaus hatte das Olympiastadion sein Potenzial offenbart – zumindest für den einen der beiden Münchner Klubs, der zur richtigen Zeit auf dem richtigen Platz war.

Die Erfolge des FC Bayern München in den kommenden drei Jahrzehnten sollten die Hoffnungen, die der Verein in das Olympiastadion gesetzt hatte, nicht nur erfüllen, sondern sogar weit übertreffen. Schon in der Saison 1972/73 stellten die Bayern mit durchschnittlich über 30 000 Zuschauern einen neuen Bundesligarekord auf. Bei Spitzenspielen oder Europapokal-Begegnungen wie gegen Ajax Amsterdam oder Galatasaray Istanbul waren Besucherzahlen von über 70 000 keine Seltenheit; die Vereinskasse füllte sich dadurch wie von selbst. Spätestens als den Bayern 1974 der Titelhattrick aus drei Deutschen Meisterschaften in Folge gelang, war das Olympiastadion auch zur emotionalen Heimat der Bayern geworden – so wie es zuvor das Grünwalder Stadion für die Sechziger gewesen war.

In den 1990er-Jahren, im Windschatten des Booms, den der deutsche WM-Titel ausgelöst hatte, stellte der FC Bayern mit Zuschauerschnitten von über 50 000 den von ihm selbst aufgestellten Rekord aus den 70ern in den Schatten und profitierte so 20 Jahre nach der Eröffnung immer noch vom enormen Fassungsvermögen des Olympiastadions. Insgesamt verbrachte der Rekordmeister 33 Jahre auf dem Oberwiesenfeld, holte dabei 16 Meisterschaften, sechs Pokalsiege und fünf europäische Trophäen. In keinem anderen deutschen Stadion wurden auch nur ansatzweise ähnlich viele Erfolge gefeiert.

Die Welt zu Gast unterm Zeltdach

Neben den Spielen des FC Bayern und des TSV 1860 München war das Olympiastadion auch Austragungsort von Olympischen Spielen, einer Fußball-Weltmeisterschaft und einer Europameisterschaft. Das olympische Fußballturnier im Jahr 1972 begann nur wenige Tage nach der verhängnisvollen Geiselnahme israelischer Sportler, die mit dem Tod von 17 Menschen endete. Trotz dieser Tragödie strömten bei fast allen Fußballspielen über 50 000 Zuschauer in das Stadion. Neben München waren Passau, Augsburg, Regensburg, Ingolstadt und Nürnberg Austragungsorte der Begegnungen; die Höhepunkte jedoch gab es natürlich im Olympiastadion zu sehen. In nur 15 Tagen wurden dort elf Spiele mit insgesamt 597 000 Zuschauern ausgetragen; nie wieder gab es in so kurzer Zeit einen solchen Besucheransturm auf den Spielort. Die deutsche Mannschaft bestand aufgrund der olympischen Statuten ausschließlich aus Amateuren, zu denen unter anderem Uli Hoeneß gehörte der erst nach den Olympischen Spielen einen Profivertrag unterschrieb. Einem Fußballmythos zufolge soll er beim FC Bayern als Gärtner angestellt gewesen sein, um an Olympia teilnehmen zu können – eine Geschichte, die allerdings in das Reich der Fabeln gehört. Deutschland musste sich jedoch bereits in der Zwischenrunde aus dem Turnier verabschieden, das entscheidende Spiel gegen die DDR ging mit 2:3 verloren. In den offiziellen Länderspielstatistiken taucht diese Begegnung nicht auf, da es sich nicht um die A-Nationalmannschaft der Deutschen handelte.

Bei der Fußball-WM 1974 war das Olympiastadion Schauplatz von drei Vorrundenspielen, des Spieles um den dritten Platz und des Endspiels. Die deutsche Elf kämpfte sich, angeführt vom überragenden Franz Beckenbauer, bis ins Finale vor. Der Gegner dort war vor 78 000 Zuschauern die niederländische Auswahl, die durch Tore von Paul Breitner (Elfmeter) und Gerd Müller mit 2:1 besiegt wurde. Deutschland war zum zweiten Mal nach 1954 Fußball-Weltmeister, die Ballgenies um Beckenbauer, Müller und Breitner wurden zu Weltstars und das Olympiastadion erlebte seine glanzvollsten Stunden.

Nicht ganz so ruhmreich präsentierte sich die deutsche Nationalmannschaft bei der Europameisterschaft 1988. Das Gruppenspiel gegen Spanien (2:0) sollte der einzige Auftritt der DFB-Elf in München bleiben, denn das Endspiel wurde durch das Aus im Halbfinale verpasst. Den Titel unter dem Münchner Zeltdach sicherten sich stattdessen die Niederlande, die sich mit 2:0 gegen die UdSSR durchsetzten.

Plötzlich ohne Heimat

Während der FC Bayern München durch das Olympiastadion den Schwung verliehen bekam, der ihn in die Riege der weltbesten Mannschaften aufsteigen ließ, begannen für die Löwen Jahre ohne feste Heimat. Dabei war der Neustart nach dem Auszug aus dem Grünwalder Stadion zunächst vielversprechend. Als die Löwen am 3. August 1972 erstmals im Olympiastadion antraten, hieß der Gegner FC Bayern München. Die Partie im neu geschaffenen Ligapokal, der den Fußballfans die wegen den Olympischen Spielen verlängerte Sommerpause versüßen sollte, fand vor ausverkauftem Haus statt. Das Ergebnis von 3:1 für die Bayern war da lediglich Nebensache für den nur noch zweitklassigen TSV.

Nur ein Jahr später, am 15. August 1973, sorgten die Löwen dann für eines der denkwürdigsten Spiele der Münchner Fußballgeschichte. Das Regionalliga-Derby gegen den bayerischen Rivalen FC Augsburg mobilisierte die Massen in einer nie da gewesenen Weise. Beide Vereine hatten ihre Auftaktspiele gewonnen, bei Augsburg lief mit dem aus Italien zurückgekehrten Helmut Haller ein Weltstar auf, zudem war der 15. August ein Feiertag mit strahlendem Sommerwetter. Im Vorverkauf waren nur wenige Tausend Karten über den Ladentisch gegangen, doch am Spieltag reichte der Stau auf der Autobahn von München bis fast vor die Tore Augsburgs. Bei Spielbeginn warteten vor dem Olympiastadion noch große Zuschauermassen auf den Einlass, viele von ihnen waren ohne Tickets gekommen. Als um 20.03 Uhr, drei Minuten nach Anpfiff, der Außenverteidiger der Löwen, Werner Luxi, das 1:0 erzielte und der Torjubel aus dem weiten Rund nach draußen drang, brachen alle Dämme: Die Wartenden überkletterten die Sicherheitszäune, überliefen die wenigen Ordner und stürmten das ohnehin schon gut gefüllte Stadion. Schätzungen zufolge sollen sich letzten Endes bis zu 100 000 Menschen im Stadion aufgehalten haben, was bis heute den absoluten Rekord im Münchner Fußball und weltweit die unerreichte Marke für eine Zweitligabegegnung darstellt. Mit nur 147 Verletzten entging München an diesem Tag ein drittes Mal nur knapp einer Katastrophe in einem Fußballstadion. Die Partie endete nach dem Ausgleichstreffer von Haller mit einem 1:1.

Doch dieses Spiel sollte eine Ausnahme bleiben. Da den Löwen der Wiederaufstieg in die Bundesliga auch in den kommenden Jahren nicht glückte, fiel der Zuschauerschnitt bald unter 20 000, bei vielen Heimspielen herrschten gespenstische Stille und Leere im Olympiastadion. 1976 beschloss der Verein die Rückkehr an die Grünwalder Straße, da die Kapazitäten dort für die 2. Bundesliga, die 1974 neu eingeführt worden war, völlig ausreichend waren. Mit der Festung Grünwalder Stadion im Rücken gelang den Sechzigern 1977 die Rückkehr in das deutsche Fußball-Oberhaus. Als Vizemeister der 2. Bundesliga Süd trafen die Löwen in der Relegation auf Arminia Bielefeld, den Zweitplatzierten aus dem Norden. Obwohl die Münchner das Hinspiel in Bielefeld mit 0:4 verloren hatten, kamen zum Rückspiel im Olympiastadion über 60 000 Zuschauer. Und sie sollten nicht enttäuscht werden: Diesmal behielten die Münchner mit 4:0 die Oberhand, und es kam zu einem Entscheidungsspiel in Frankfurt, das mit 2:0 ebenfalls an die Löwen ging – der Aufstieg war perfekt.

Doch das Abenteuer Erste Liga währte nur eine Spielzeit; bereits 1978 stand der erneute Abstieg fest. Für viele Fans war der Schuldige schnell gefunden: das „seelenlose“ Olympiastadion, in dem die Löwen die komplette Saison absolviert hatten. In den folgenden zwei Jahrzehnten pendelten die Sechziger zwischen Bundesliga und Bayernliga, zwischen nationaler Klasse und Bedeutungslosigkeit und zwischen dem Grün-

TSV 1860 München in der Saison 1977/78 (Abstieg)

walder und dem Olympiastadion. Die sportliche Berg- und Talfahrt wurde begleitet von einem Gefühl der Heimatlosigkeit. Als zur Saison 1994/95 wieder einmal der Aufstieg in die höchste Spielklasse gelang, trugen die Sechziger die ersten vier Heimspiele wieder im Olympiastadion aus – alle vier Partien gingen verloren. Nach einer panikartigen Rückkehr ins „Sechzger“ verloren die Löwen von 13 Heimspielen nur noch zwei, der Klassenerhalt war damit geschafft.

Schnell wurde gemunkelt, dass für die „Blauen“ fast so etwas wie ein Fluch auf dem Olympiastadion liegen musste; das preisgekrönte Bauwerk war für den TSV ein Ort, an dem er nie wirklich glücklich wurde. Dennoch entschied sich der Verein 1995 auf Vorschlag des stets nach Höherem strebenden Präsidenten Karl-Heinz Wildmoser, dem Grünwalder Stadion endgültig den Rücken zu kehren. Am 3. Juni 1995 fand vor 28 000 Zuschauern das letzte Bundesligaspiel auf Giesings Höhen statt – der TSV 1860 München unterlag dem 1. FC Kaiserslautern mit 1:3.

So endgültig, wie sich Wildmoser den Abschied aus dem Grünwalder Stadion vorgestellt hatte, war er jedoch nicht. Als Zweitligisten kehrten die Löwen bis 2005 einige Male wieder zurück, und stets war es eine Wahl zwischen Not und Elend. Das Olympiastadion: zu groß, zu steril, zu wenig emotional. Das Grünwalder Stadion: zu klein, zu alt, ohne Zukunft. Deshalb stellte der ehemalige Löwen-Profi Manfred Schwabl 2000 sein Konzept für eine neue Löwen-Arena vor. Das Grünwalder Stadion sollte ausgebaut und erstligareif gemacht werden. Und vor allem: Die „Blauen“ sollten in ihrer Heimat Giesing bleiben. Als Vorbild diente das Millerntor-Stadion des FC St. Pauli, das wie vielleicht kein zweiter Spielort in Deutschland identitätsstiftend auf den Verein und den ganzen Stadtteil wirkt. Doch die Vereinsführung der Löwen lehnte den Vorschlag dankend ab und beschloss, gemeinsam mit dem FC Bayern eine Arena im Münchner Norden zu bauen. Eine verhängnisvolle Entscheidung, wie sich herausstellen sollte. Am 22. Mai 2005 fand zum letzten Mal ein Zweitligaspiel im Grünwalder Stadion statt. Mit einem 3:4 gegen den LR Ahlen verabschiedete sich der TSV 1860 München von dem Ort, an dem er Fußballgeschichte geschrieben hat und mit dem er jahrzehntelang eng verbunden war.

Das Olympiastadion heute

Im Jahr 2000 wurde das Münchner Olympiastadion in einer Umfrage zu den fünf wichtigsten Bauwerken der deutschen Nachkriegsgeschichte gewählt und befand sich damit in Gesellschaft von Bauten wie Mies van der Rohes Nationalgalerie in Berlin. Spitzensport gibt es im Olympiastadion aber nur noch in Ausnahmefällen zu sehen. Zu den regelmäßigen Veranstaltungen, die heute unter dem weltberühmten Zeltdach ausgetragen werden, zählen der Zieleinlauf des Münchner Marathons und Events der Deutschen Tourenwagenmeisterschaft DTM. In der Vergangenheit war das Stadion zudem Schauplatz des Air & Style-Wettbewerbs der Snowboarder, des Leichtathletik-Europacups sowie der Tour de Ski der Langläufer. Viel öfter wird das einstige Weltklasse-Fußballstadion aber inzwischen für nicht-sportliche Ereignisse wie Kirchentage oder Konzerte genutzt. Auch einen Naturrasen sucht man im Olympiastadion seit einiger Zeit vergebens. Nach dem Champions-League-Finale der Frauen 2012 war die Ära des Olympia-Rasens beendet; er wurde weggefräst und abtransportiert. Heute wird bei Bedarf Kunstrasen im Stadion ausgelegt.

Ein nobles Schlauchboot im Norden

Schon Anfang der 90er-Jahre gab es beim FC Bayern den Wunsch nach einem neuen Stadion, einer reinen Fußballarena ohne Laufbahn und mit voller Überdachung. Auch die oftmals mangelhafte Stimmung im Olympiastadion sorgte für Unmut beim Rekordmeister; Uli Hoeneß sprach in diesem Zusammenhang von einer Atmosphäre wie auf dem „Zentralfriedhof von Chicago“. Zunächst war ein Umbau des Olympiastadions für 400 Millionen Euro angedacht, die Architekten erklärten den Plan jedoch für nicht durchführbar. Zudem gab es Bedenken wegen des Denkmalschutzes, unter dem das berühmte Zeltdach mittlerweile stand. Als die FIFA im Jahr 2000 die Fußball-Welt-

Die Allianz Arena

meisterschaft 2006 nach Deutschland vergab, konstatierte Franz Beckenbauer: „Ohne ein neues Stadion wird die WM in München nicht stattfinden."

Also begann die Suche nach einem geeigneten Standort, der schließlich im Norden der Stadt in Fröttmaning gefunden wurde. In einem Bürgerentscheid stimmten die Münchner ab, ob dort ein neuer Fußballtempel für die Stadt gebaut werden sollte. Beckenbauer drohte mit dem Wegzug des FC Bayern, sollte der Bürgerentscheid scheitern: „Dann lassen wir einfach München weg und sind nur noch der FC Bayern." Seine Bedenken waren unbegründet, das Votum endete mit einem klaren „Ja". Die Wahlbeteiligung lag zudem bei 37,5 Prozent, einem Rekordwert für einen Bürgerentscheid in München.

2005 wurde schließlich mit der „Allianz Arena" eines der modernsten Stadien der Welt mit 71 000 Plätzen fertiggestellt. Da dieses nur einen Steinwurf von der Autobahn entfernt gebaut wurde, gab es anfangs zahlreiche Auffahrunfälle durch Schaulustige, die das neue Wahrzeichen bestaunten, das jedem München-Besucher, der mit dem Auto aus dem Norden anreist, ins Auge sticht. Das sichtbare Highlight ist die Fassade aus 2760 Folienkissen, die in verschiedenen Farben bestrahlt werden können – und dem Stadion schon bald nach der Eröffnung den Spitznamen „Schlauchboot" einbrachten.

Die Löwen zwischen Himmel und Hölle

Der TSV 1860 München hatte es nach dem Krieg also geschafft, sich wieder aufzurichten und den bis heute größten Erfolg der Vereinsgeschichte einzufahren; sogar den FC Bayern hatten die „Blauen“ zwischenzeitlich abgehängt. Danach begann für die Löwen jedoch eine bis heute andauernde Leidenszeit mit zahlreichen Auf- und Abstiegen und immer wiederkehrenden Finanzproblemen.

Schwieriger Start in die Nachkriegszeit

Nach dem Ende des Zweiten Weltkrieges stand der TSV 1860 München vor einem Trümmerhaufen. Das Vereinsheim und die Sportplätze waren zerstört, zahlreiche Vereinsmitglieder an der Front oder bei Fliegerangriffen ums Leben gekommen. In der Chronik zum 100-jährigen Vereinsjubiläum ist von 154 Gefallenen und 22 Vermissten die Rede, unter ihnen bekannte Spieler wie Gustav Thalmayr, Ludwig Stock, Franz Graf oder Heinz Krückeberg. Eine beachtliche Anzahl von Funktionären war wegen ihrer NS-Vergangenheit von den Alliierten verhaftet worden, wie beispielsweise die Vereinsvorsitzenden Emil Ketterer und Fritz Ebenböck sowie Fußball-Abteilungsleiter Sebastian Gleixner.

Obwohl die US-amerikanischen Besatzungsmächte den Sportvereinen überaus kritisch gegenübertraten – waren sie doch eine der Keimzellen des Nationalsozialismus –, startete bereits am 4. November 1945 die erste süddeutsche Spielklasse ihren Betrieb: die Oberliga Süddeutschland. 16 Mannschaften, darunter der 1. FC Nürnberg, die SpVgg Fürth, der FC Bayern München und der TSV 1860 München, trugen wieder erste Punktspiele aus – unter widrigen Bedingungen allerdings. Nicht nur fanden die Spiele, die oftmals große Zuschauermengen anzogen, unter den argwöhnischen Augen der Besatzer statt, auch Nahrungsmittelknappheit und eine zerstörte Infrastruktur verlangten den Fußballern einiges ab. So reisten die Spieler des Karlsruher Fußballvereins in einem Nachtzug frierend und hungrig nach München an, wo sie sich geschwächt mit 0:13 den Löwen geschlagen geben mussten.

Die Durchführung einer gesamtdeutschen Meisterschaft scheiterte zunächst noch an den Vorbehalten der Alliierten, so dass in den drei ersten Jahren nach Kriegsende jeweils nur in den drei westdeutschen Besatzungszonen ein Titelträger ausgespielt wurde. Zu einem überregionalen Kräftevergleich der deutschen Fußballmannschaften kam es erst 1948 wieder. Mit dabei: die Löwen. Sie hatten sich überraschend als Vizemeister der Oberliga für die Ausscheidungsspiele zur ersten Deutschen Meisterschaft der Nachkriegsgeschichte qualifiziert. In der Vorrunde gelang dem TSV unter anderem ein Prestigesieg gegen den scheinbar übermächtigen 1. FC Nürnberg; die Partie fand vor 60 000 Zuschauern im Grünwalder Stadion statt. Im Viertelfinale scheiterten die Löwen dann aber in Worms mit 1:5 am 1. FC Kaiserslautern, bei dem der junge Fritz Walter im Kader stand. Trotz der Niederlage wurde der TSV gefeiert: Es war der größte Erfolg eines Münchner Vereins seit Kriegsende. Erinnerungen an unbeschwerte, glorreiche Zeiten wurden wach.

Das Fehlen einer Profiliga – noch immer waren alle Fußballer in Deutschland auf dem Papier Amateure – ließ die Vereine aber auf der Stelle treten, im internationalen Vergleich hatten die deutschen Klubs längst den Anschluss verloren. Bezeichnenderweise verloren die Löwen 1949 ihren besten Spieler: Ludwig Janda hatte in den vier Jahren seit Kriegsende Tore am Fließband für die Löwen erzielt, dann erlag er dem Lockruf des Geldes und wechselte für eine Ablöse zwischen 30 000 und 50 000 Mark als erster deutscher Fußballer nach Italien. Beim AC Florenz war ihm ein stattliches Gehalt garantiert; allein seine Siegprämie für ein Spiel soll die 320 Mark, die ein Vertragsspieler in Deutschland im Monat verdienen durfte, weit überschritten haben.

Trainer mit Zuckerbrot und Peitsche

Vor allem der 1. FC Nürnberg, der VfB Stuttgart und der Karlsruher SC waren den Löwen in den 50er-Jahren weit enteilt, zwischenzeitlich kickte der TSV sogar nur in der zweithöchsten Spielklasse 2. Liga Süd. Trotz des tristen sportlichen Daseins war der Andrang an der Grünwalder Straße aber gewaltig. Zuschauerzahlen von über 20 000 waren keine Seltenheit, vor allem nach dem WM-Triumph der deutschen Nationalmannschaft 1954 brach ein wahrer Fußball-Boom aus, von dem auch der TSV profitierte. Hinzu kam, dass bei den Löwen mit Adalbert Wetzel ein einflussreicher und vor allem wohlhabender Präsidenten die Strippen zog – bis heute gilt er als einer der wichtigsten Macher des Vereins. Der Bäckersohn war als 17-jähriger Abenteurer nach Südamerika aufgebrochen und hatte dort viel Geld im Ölhandel verdient. Ab 1945 machte er zudem gute Geschäfte mit einer von den US-Amerikanern zugeteilten Lizenz zum Brauen von Coca Cola. Der angenehme Nebeneffekt: Er konnte die Löwen-Spieler in seiner Getränkefabrik beschäftigen und so zum Schein deren Amateurstatus wahren. 1957 wurden bei einer Rechnungsprüfung zwar stattliche Zahlungen von 1000 Mark an jeden Spieler aufgedeckt, der zur Strafe verhängte Punktabzug blieb für den Verein aber ohne sportliche Folgen.

Auch dank Wetzels Hilfe gelang den Sechzigern im Sommer 1961 ein echter Coup: Sie verpflichteten den früheren österreichischen Nationalspieler Max Merkel als Trainer. Merkel, eine schillernde und streitbare Persönlichkeit, kam von der Spitzenmannschaft Borussia Dortmund und ließ sich entsprechend entlohnen: Mit einem Monatsgehalt von 11 000 Mark wurde er der am besten verdienende Trainer Deutschlands. Zum Vergleich: Das Grundgehalt des Bundeskanzlers lag damals bei 8707 Mark. Doch Merkel bot etwas für sein Geld und ließ mit Taten nicht lange auf sich warten: Ohne Rücksicht auf Verluste krempelte er die Mannschaft um, vor der Saison 1962/63 entließ er zehn der 21 Spieler, darunter selbst Nationalspieler Helmut Benthaus. Schönspieler entsprachen nicht seinen Vorstellungen, er setzte auf athletische, kämpferische Typen.

1860-Trainer Max Merkel, 60er-Jahre

Durch die Neuzugänge wurde nicht nur das Durchschnittsalter der Mannschaft deutlich herabgesetzt, sondern auch ein bis dahin ungekannter Konkurrenzkampf zwischen den Spielern entfacht – Merkel war seiner Zeit damit weit voraus. Unter dem „Fußball-Diktator" konnte sich kaum jemand seines Platzes in der ersten Elf sicher sein, „ausmisten" war eines der Lieblingsworte des Österreichers, der sich trotz allem mit seiner charismatischen Art zu einem Liebling der Boulevardblätter entwickelte. Dass er oftmals Kette rauchend auf der Trainerbank das Spiel beobachtete, hatte für ihn einen einfachen Grund: „Der Spieler selbst kann was tun. Aber wenn man dort auf dem Marterpfahl sitzt, ist man verurteilt zum Abwarten." Sich selbst beschrieb er nach seinem Karriereende als „Trainer mit Zuckerbrot und Peitsche" – wobei die meisten Spieler eher Letzteres zu spüren bekamen.

In erster Linie war Merkel allerdings eines: professioneller Fußballlehrer. Er isolierte die Mannschaft vor den Heimspielen und hielt Kurztrainingslager ab. Nationalspieler Hans Küppers musste sogar am Morgen nach seiner Hochzeit mit ins Trainingslager reisen. Merkels trockene Erklärung: „Ein Fußballer heiratet sonntags oder montags, nicht mittwochs." Die kompromisslose Gangart des Trainers machte sich jedoch bald bezahlt: Die neu formierten Sechziger holten 1963, im zweiten Jahr unter Merkel, die Süddeutsche Meisterschaft – und das zu einem goldrichtigen Zeitpunkt, denn bei der Vergabe der 16 Plätze für die neugegründete Bundesliga wurde nicht zuletzt wegen dieses Erfolges der TSV 1860 München berücksichtigt – nicht aber der FC Bayern München, der in der Zweitklassigkeit verblieb.

Die Zeit der großen Triumphe

Nachdem feststand, dass der TSV 1860 München einen der begehrten Plätze in der Bundesliga ergattert hatte, feilte Merkel umso zielstrebiger an einer konkurrenzfähigen Mannschaft. Mit dem jugoslawischen Towart Petar Radenković hatte er bereits einen Weltklassespieler an die Isar gelockt, später holte er auch noch dessen Landsmann Željko Perušić sowie den deutschen Starstürmer Friedhelm „Timo" Konietzka, der seinen Spitznamen der Ähnlichkeit mit dem sowjetischen General Semjon Konstantinowitsch Timoschenko verdankte. Die erste Bundesligasaison lief für die Löwen zufriedenstellend. Vor allem dank der Heimstärke – nur zwei Partien im Grünwalder Stadion gingen verloren – landete der TSV im gesicherten Mittelfeld der Tabelle und hatte keinerlei Abstiegssorgen. Mit einem Zuschauerschnitt von über 30 000 feierten die Sechziger zudem eine Rekordmarke, die sie erst in der Saison 1995/96 übertreffen sollten. Überraschend gelang den Löwen in ihrem ersten Bundesligajahr auch noch der Pokalsieg – nach dem Erfolg im Tschammer-Pokal 1942 ihr zweiter nationaler Titel. Auf dem Weg ins Finale hatten die Sechziger hochklassige Gegner wie Borussia Dortmund und den 1. FC Kaiserslautern ausgeschaltet. Auch hier erwies sich das „Sechzger" als wahre Festung. Im Endspiel wartete mit Eintracht Frankfurt ein nicht minder harter Brocken auf den TSV. Dieser behielt vor 45 000 Zuschauern in Stuttgart jedoch mit 2:0 die Oberhand. Bei seiner Rückkehr nach München wurde der Pokalsieger standesgemäß mit einem Autokorso gefeiert.

Der Münchner Fußball hatte nach langer Zeit wieder ein Ausrufezeichen gesetzt. Doch das war noch lange nicht alles, denn durch den Erfolg im Pokal war den Löwen außerdem die Teilnahme am Europapokal der Pokalsieger sicher. Zwar hatten ausländische Mannschaften im Rahmen von Freundschaftsspielen regelmäßig in München gastiert, doch in der Saison 1964/65 sollte das echte internationale Flair des Europapokals an der Isar Einzug halten.

Der internationale Auftritt der Löwen wurde zu einem unvergessenen Siegeszug: Union Luxemburg, FC Porto, Legia Warschau und AC Turin hießen die Gegner, und allesamt wurden sie besiegt. Was niemand für möglich gehalten hatte, wurde wahr: Bereits bei seiner ersten Teilnahme hatte der TSV den Einzug in ein Europapokal-Endspiel geschafft – als erst zweiter deutscher Klub nach Eintracht Frankfurt im Jahr 1960. Waren die Hessen damals gegen die „Königlichen“ von Real Madrid ohne Chance (3:7), wartete auch auf die Löwen mit West Ham United ein übermächtiger Gegner, bei dem unter anderem Bobby Moore, Geoff Hurst und Martin Peters im Kader standen – drei Spieler, die nur zwei Jahre später mit England die Weltmeisterschaft gewinnen sollten. Zudem war schon vor Wettbewerbsbeginn das Londoner Wembley-Stadion als Spielort ausgewählt worden – eine glückliche Fügung für die „Hammers“ aus dem Londoner Stadtteil East End, die dadurch den Heimvorteil auf ihrer Seite hatten.

Ganze 11 000 der 90 000 Zuschauer am Abend des 19. Mai 1965 waren allerdings aus München angereist, mit zahlreichen Bussen, Zügen und etwa 90 Charterfliegern. Sie bekamen, wie zu erwarten, eine recht einseitige Partie zu sehen, in der West Ham den Löwen klar überlegen war und durch zwei Tore des Rechtsaußen Alan Sealy mit 2:0 gewann. Sealy hatte nur eine Woche vor dem größten Spiel seines Lebens geheiratet, doch in der folgenden Saison war seine Karriere auch schon beendet: Bei einem Cricket-Spiel stürzte er über eine Bank und brach sich das Bein. Die Löwen wurden trotz der Niederlage wie ein Europapokalsieger in München empfangen. Der Autokorso vom Flughafen zum Marienplatz war schon damals zum Standard geworden, im Rathaus wurden die Spieler durch Münchens Oberbürgermeister Hans-Jochen Vogel empfangen. Er bescheinigte den Fußballern nicht nur gute sportliche Leistungen, sondern sprach ihnen auch zu, würdige Botschafter Münchens gewesen zu sein.

Versöhnungsarbeit auf dem Platz

Die Reise des TSV 1860 München nach London zum Pokalfinale 1965 hatte auch eine politische Dimension, denn noch immer waren die Erinnerungen an den Zweiten Weltkrieg überall präsent. Sowohl die Löwen-Fans als auch die Spieler hinterließen aber in England einen tadellosen Eindruck und trugen damit ein größeres Stück zur Völkerverständigung bei als so mancher Politiker. Wie der Münchner Stadtarchivar Ingo Schwab berichtet, bedankte sich das Hotel „Hyde Park Towers", das die Schlachtenbummler einer von der „Süddeutschen Zeitung" organisierten Reise untergebracht hatte, nach dem Spiel folgendermaßen: „Wir möchten mitteilen, dass es uns ein großes Vergnügen war, so viele wunderbare Menschen aus München mit ihren liebenswürdigen Manieren bei uns zu haben." Auch bei West Ham United ist das Spiel in Erinnerung geblieben und gilt als eine der besten Partien, die jemals im Wembley-Stadion gespielt wurden. Anlässlich des 30-jährigen Jubiläums des Endspiels trafen sich 1995 die beiden Mannschaften im Grünwalder Stadion zu einem Freundschaftsspiel. Auch 2005 erinnerten die Teams mit einem Aufeinandertreffen in der Allianz Arena an das Pokalfinale 1965.

Die Bundesliga-Spielzeit 1965/66 nach dem Endspiel im Europapokal begann gleich mit einem brisanten Duell: Mit dem FC Bayern war inzwischen auch dem zweiten großen Münchner Verein der Aufstieg in die höchste Spielklasse geglückt, schon am ersten Spieltag trafen die Lokalrivalen im ersten Stadtderby der Bundesligageschichte aufeinander. Die Löwen gingen bereits nach 30 Sekunden durch Timo Konietzka mit 1:0 in Führung, was zugleich der Endstand war. Dieser Sieg war nicht nur enorm wichtig für das Prestige in der Stadt, sondern erwies sich zugleich als Startschuss für eine berauschende Saison. Lange Zeit führte die von Trainer Merkel nochmals verstärkte Elf die Tabelle an, mit einer Hinrundenbilanz von 29:5 Punkten stellten die Sechziger einen Rekord auf, der erst in der Saison 2005/06 vom FC Bayern München überboten wurde.

Nach einer Schwächephase in der Rückrunde fielen die Löwen jedoch hinter dem schärfsten Verfolger Borussia Dortmund zurück; zeitweise zog sogar der FC Bayern in der Tabelle vorbei. Zeit für Merkel, die Zügel anzuziehen und einen seiner prägnanten Sprüche loszulassen: „Ihr meint immer, ihr seid schon Meister. Dabei seid's grad' erst Hausmeister." Am vorletzten Spieltag kam es dann zum vorentscheidenden Duell Erster gegen Zweiter, Dortmund gegen 1860. Vor 35 000 Zuschauern im Dortmunder Stadion „Rote Erde" traten die Hausherren aus Westfalen müde auf; die Strapazen des gerade erst gewonnenen Europapokals der Pokalsieger machten sich bemerkbar. Die Löwen nutzten die Gunst der Stunde, siegten durch Tore von Rudi Brunnenmeier und Peter Grosser mit 2:0 und zogen an der Borussia vorbei auf Platz eins.

Im letzten Saisonspiel gegen den Hamburger SV (1:1) war den Münchnern die Deutsche Meisterschaft nicht mehr zu nehmen, die Begegnung an der Grünwalder Straße geriet zum Schaulaufen vor 44 000 jubelnden Zuschauern, unter ihnen Oberbürgermeister Vogel und Bundeskanzler Ludwig Erhard. Trotz strömenden Regens folgte der obligatorische Autokorso in Cabrios bis zum Rathaus, von dessen Balkon die Spieler die Meisterschale in die Luft reckten. Die Abendzeitung kommentierte: „Dieses Bild gab es noch nie!" Ausgerechnet die Löwen institutionalisierten also die typische Meisterfeier auf dem Münchner Rathausbalkon, die später eine dem FC Bayern vorbehaltene Angelegenheit sein sollte. Was den Triumph an diesem Tag umso schöner machte: Im Nachhinein hatte sich das 1:0 gegen die Bayern, die die Saison nur einen Punkt hinter den Löwen beendeten, als entscheidend herausgestellt.

Zwei ganz unterschiedliche Erfolgsgaranten

Rudi Brunnenmeier und Petar Radenković waren zwei wichtige Säulen in der Meistermannschaft der Sechziger und gehörten zu den ersten Stars der Fußball-Bundesliga. Radenković, 1934 in Belgrad geboren, absolvierte 1960 ein Testspiel beim FC Bayern.

Löwen-Torwart Radenković mit der Meisterschale, 1966

Da ihn der Münchner Klub nicht wollte, landete er beim unterklassigen Verein Wormatia Worms. Dort wurde Löwen-Trainer Max Merkel auf ihn aufmerksam und holte ihn 1962 doch noch an die Isar, wo er zu einem der ersten Ausländer in der Bundesliga wurde. Bis 1970 stand er 215-mal im Tor der Sechziger und war zu seinen Glanzzeiten einer der herausragendsten Schlussmänner der Bundesliga – laut eigener Aussage sogar „bestes Torwart von Welt". Unvergessen sind seine hitzigen, oftmals komischen Diskussionen mit den Schiedsrichtern und seine Ausflüge in die gegnerische Hälfte, die bei seinen Trainern und Fans für Entsetzen sorgten.

Auch abseits des Platzes verstand es Radenković, sich in Szene zu setzen. Sein Schlager „Bin i Radi, bin i König" (1965) verkaufte sich in Deutschland über 400 000-mal und verdrängte sogar die Beatles von Platz eins der Charts. „Radi" trat noch während seiner aktiven Karriere als Sänger in Fernsehshows auf und ging mit Roy Black auf Tournee. Dem TSV 1860 München ist er bis heute treu geblieben – als gern gesehene Löwen-Legende auf der Tribüne, aber auch als Kritiker, wenn es mal nicht wunschgemäß läuft.

Brunnenmeier war bereits 1960 vom SC Olching zu den Löwen gestoßen. In den Oberliga-Jahren traf der Angreifer wie am Fließband, auch in der Bundesliga setzte er seinen Lauf fort. In seinen ersten drei Jahren im Fußball-Oberhaus traf er in 86 Spielen 58 Mal ins Tor. Nach Uwe Seeler wurde er zum zweiten Torschützenkönig der Bundesliga. Doch bereits auf dem Höhepunkt seiner Karriere wurde sein Alkoholproblem offensichtlich. Als ihm im Sommer 1965 der Postbote ein Telegramm mit der Berufung in die B-Nationalmannschaft überreichte, soll er sturzbetrunken gewesen sein. Das Problem: Der Flieger für das Spiel gegen die Sowjetunion in Köln ging noch am selben Abend. Brunnenmeier erwischte das Flugzeug und schlief in einem Kölner Hotel seinen Rausch aus. Anschließend trug er zwei Tore zum 3:0 gegen die UdSSR bei. Nach der Meisterschaft 1966 ging es mit seiner Leistung jedoch steil bergab. Als er eines Tages nach 23 Uhr in einer Bar ertappt wurde, nachdem sich seine Frau von ihm getrennt hatte, setzte ihn Merkel wegen Verstoßes gegen die Bettruhe als Mannschaftskapitän ab.

1968 verließ der nicht einmal mehr zum Stamm der Mannschaft gehörende Brunnenmeier die Löwen, um in den folgenden zehn Jahren als Fußballer durch Österreich, die Schweiz und Liechtenstein zu tingeln. Nach seiner aktiven Karriere versuchte sich Brunnenmeier in München als Nachtclubbesitzer, sein Geld verprasste er mit Alkohol und Glücksspiel. 1987 musste er wegen Trunkenheit am Steuer für sechs Monate ins Gefängnis; nur wenig später landete er wegen gefälschter Verträge, mit denen er sich als Versicherungsvertreter Provisionen erschlichen hatte, erneut vor Gericht. Für einige Jahre hielt er sich anschließend mit Gelegenheitsjobs als Brezenverkäufer, auf dem Bau oder als Rotlicht-Türsteher über Wasser. Als Trainer des FC Garmisch-Partenkirchen und des FC Wacker München riss er sich noch einmal für einige Zeit vom Alkohol los. Als er in Garmisch jedoch nach sportlichem Misserfolg entlassen wurde, soll er gesagt haben: „Ich trinke mich jetzt tot."

2003 erlag er vereinsamt im Alter von 62 Jahren einem Krebsleiden. Seine Beerdigung auf dem Münchner Ostfriedhof fand unter großer öffentlicher Anteilnahme statt. Mit 66 Bundesligatoren ist er noch heute der Rekordtorschütze der Löwen.

Abwärtsspirale bis zum großen Schock

Ein Jahr nach der furiosen Meisterschaft wurde der TSV 1860 München zwar noch Vizemeister hinter Eintracht Braunschweig, doch dann glich die Saison einer Katastrophe: Stürmer Brunnenmeier hatte wegen einer Schlägerei zwei Wochen der Spielzeit hinter Gittern verbracht, sein Angriffspartner Konietzka hatte während der Partie gegen seinen Ex-Klub Borussia Dortmund den Schiedsrichter tätlich angegriffen und wurde für sechs Monate gesperrt – übrigens die schärfste Strafe für einen Bundesligaspieler bis zum Jahr 2012, als Hertha-Profi Lewan Kobiaschwili ebenfalls wegen einer Attacke gegen den Unparteiischen für siebeneinhalb Monate gesperrt wurde. Den negativen Höhepunkt der Saison bildete jedoch die Spielerrevolte gegen Trainer Merkel. Wochenlang hatte sich der Österreicher in der Öffentlichkeit über seine Spieler ausgelassen. Im Dezember beschloss die Mannschaft in einer geheimen Abstimmung im Hotel „Wetterstein" schließlich die Abkehr vom Trainer. Merkel blieb nichts anderes übrig, als noch im selben Monat die Kündigung einzureichen. Zudem trat Präsident Adalbert Wetzel entnervt als Leiter der Fußballabteilung zurück – der Mann, dem im südamerikanischen Dschungel von einem Eingeborenen mit einer Machete die Bauchdecke aufgeschlitzt worden war und der im Amazonasgebiet beinahe an Malaria gestorben wäre, sah sich angesichts der Umstände überfordert.

In den folgenden Jahren fanden die Löwen nicht mehr zur Konstanz der Ära Merkel zurück. Bis 1970 versuchten sich sieben Trainer bei den Löwen, alle ohne großen Erfolg; mehrmals schrammte der TSV zudem nur knapp am Abstieg vorbei. Als Wetzel 1969 auch noch das Präsidentenamt aufgab, war der Verein bereits hoch verschuldet – die fetten Jahre mit dem Gewinn der Deutschen Meisterschaft, dem Pokalerfolg und dem Einzug in das Europapokalfinale waren verstrichen, ohne dass der Verein nachhaltig davon profitiert hatte. Stattdessen mussten aus finanziellen Gründen wichtige Säulen der Mannschaft wie Konietzka und Küppers abgegeben werden.

Als 1969 der neue Präsident Franz Sackmann sein Amt aufnahm, berichtete er: „Niemand wusste, wie hoch wir verschuldet waren." Die Angaben schwankten zwischen ein und zwei Millionen Mark, mit denen die Löwen in der Kreide standen. Wie viel es auch immer war, der Verein war nur wenige Jahre nach seinem großen Triumph nahezu handlungsunfähig. Als 1970 auch noch der Sturz in die zweitklassige Regionalliga folgte, kamen die Gegner plötzlich nicht mehr aus Frankfurt und Stuttgart, sondern aus Göppingen und Aschaffenburg. Stadtderbys wurden nicht mehr gegen die Bayern, sondern gegen Wacker München ausgetragen. Ein Ende der finanziellen Misere war nicht in Sicht.

Sieben Jahre lang fristeten die Löwen zunächst ihr Dasein in der Zweitklassigkeit; 1977 gelang zwar der Wiederaufstieg in das Oberhaus, doch schon im Jahr darauf ging es wieder nach unten. Im besten Stile einer Fahrstuhlmannschaft kehrten die Sechziger bereits 1979 direkt wieder in die Bundesliga zurück, und diesmal, so der Plan, sollte die Rückkehr von Dauer sein. In Erinnerungen an bessere Zeiten wurde die Mannschaft namhaft verstärkt, unter anderem wechselte 1980 Rudi Völler für eine Ablöse von 700 000 Mark nach München. Dennoch reichte es wieder nicht für den Klassenerhalt. In der folgenden Zweitligasaison 1981/82 wurde Völler zwar mit 37 Treffern Torschützenkönig, dennoch verpasste der TSV um einen Punkt den Aufstieg.

Was dann folgte, war der wohl schwerste Schock in der Vereinsgeschichte der Sechziger: Die hohen Ablösezahlungen und überzogenen Prämien für die Spieler hatten den Schuldenberg des Vereins bis auf fünf Millionen Mark anwachsen lassen, woraufhin der DFB dem TSV 1860 München die Lizenz für den Profifußball entzog. Der nicht für möglich gehaltene Sturz in die Bayernliga war die Folge; die Löwen waren plötzlich nur noch Amateure.

Neubeginn in der Bayernliga

Der Zwangsabstieg hinterließ einen radikalen Einschnitt in der Mannschaft der Löwen. Aus dem 21-köpfigen Profikader blieben dem Verein lediglich acht Spieler erhalten, aus dem Bundesligakader der Vorsaison war sogar nur ein einziger verblieben: Torwart Gerald Hillringhaus. Die Fans hielten dem Verein jedoch die Treue. Das Grünwalder Stadion wurde zum Inbegriff des Rückhalts, den die Löwen bei ihren Anhängern auch heute noch genießen. Im ersten Bayernligaspiel kamen 12 000 Zuschauer, um ihre Mannschaft gegen die SpVgg Landshut zu unterstützen (3:2), zwei Wochen später gegen die SpVgg Unterhaching (0:2) waren sogar 28 000 Zuschauer im Stadion – mehr, als einige Bundesligisten aufweisen konnten. Obwohl der TSV 1860 München insgesamt neun Jahre in der Drittklassigkeit verbringen musste, waren auch in den folgenden Spielzeiten fünfstellige Besucherzahlen keine Seltenheit. Wenigstens die Zuschauertabelle führten die Löwen beständig an. Oftmals trugen auch die Ligarivalen FC Wacker München, SpVgg Unterhaching, TSV Eching und SpVgg Starnberg ihre Heimspiele gegen die Sechziger im Grünwalder Stadion aus, da sie dort wesentlich mehr Eintrittskarten verkaufen konnten. Mehrmals waren die Löwen deshalb nur Gast im eigenen Stadion.

Für die Spiele der Aufstiegsrunde 1984 gegen den VfR Bürstadt und den FC 08 Homburg wichen die Löwen wegen des zu erwartenden Zuschauerzuspruches in das Olympiastadion aus, beim Spiel gegen Homburg wurde mit 38 000 Besuchern ein neuer Rekord im Amateurfußball aufgestellt. An der Grünwalder Straße kam es jedoch auch mehrmals zu unschönen Szenen: Beim Spiel gegen den FC Schweinfurt 05 im Jahr 1982 drückten Zuschauer die Zäune nieder und jagten den Schiedsrichter über den Platz – Verletzungen und ein erheblicher Sachschaden waren die Folgen. Noch im selben Jahr kam es erneut zu Ausschreitungen, weshalb das Kreisverwaltungsreferat ein Alkoholverbot im Grünwalder Stadion verhängte. 1986 forderte ein Spieler eine Gefahrenzulage von 2000 Mark wegen erboster Fans, Unterhachings Trainer Karsten Wettberg musste einmal sogar mit dem Taxi aus dem Stadion flüchten. Das „Sechzger" war eben ein Ort der Emotionen – positiver wie negativer Art.

Als 1990 Trainer Wettberg mitten in der Saison für den glücklosen Wilhelm Bierofka übernahm, ging es sportlich endlich wieder bergauf für die Sechziger. Unter ihm blieb der TSV bis Saisonende ungeschlagen und verpasste durch ein 3:3 am letzten Spieltag gegen den 1. FC Schweinfurt nur haarscharf den ersten Platz, der zur Teilnahme an der Aufstiegsrunde berechtigt hätte. An der Seitenlinie des fränkischen Gegners stand ein gewisser Werner Lorant, ein Kettenraucher und Heißsporn wie Max Merkel – und Sechzig-Trainer in spe. Doch zunächst hatte noch Wettberg bei den Löwen das Heft in der Hand. Unter seiner Führung wurde das Grünwalder Stadion endlich wieder im positiven Sinne zur „Hölle der Löwen“: 54 Pflichtspiele in Folge blieb der TSV 1860 München ohne Niederlage. Am Ende der Saison 1990/91 glückte den Löwen folgerichtig die Bayernliga-Meisterschaft und damit die erneute Teilnahme an der Aufstiegsrunde. Dort setzten sie sich ohne Niederlage gegen Hessen Kassel, Borussia Neunkirchen und den 1. FC Pforzheim durch und feierten den Wiederaufstieg in die 2. Bundesliga. Doch es blieb ein kurzes Wiedersehen mit dem Profifußball, denn schon am Ende der Spielzeit fiel der TSV in die Bayernliga zurück – und Wettberg musste seinen Hut nehmen.

Die Ära Wildmoser

Als der TSV 1860 München 1991 im Münchner Gasthof Hinterbrühl den Aufstieg in die 2. Bundesliga feierte, stand im Hintergrund ein stämmiger Wirt, der sich nicht besonders für die Party zu interessieren schien. Als die Polizei wegen Überschreitung der Sperrstunde anrückte, war er längst verschwunden. Ein Jahr später allerdings hatte er das Sagen bei den Sechzigern: Karl-Heinz Wildmoser, ein Großgastronom, Selfmade-Unternehmer und ehemaliger Süddeutscher Meister im Schwergewichtsboxen. Er übernahm das schwierige Amt des TSV-Präsidenten von der „eisernen Lady“ Lieselotte Knecht. Unter ihrer Führung hatte der Verein solide, aber bieder gewirtschaftet; der Etat betrug überschaubare 500 000 Mark. Wildmoser hingegen versprach großmundig die Rückkehr der glorreichen Zeiten. Am ersten Spieltag der Bayernliga-Saison 1992/93 – der von ihm mitgebrachte Trainer Werner Lorant stand an der Seitenlinie – bekamen die Zuschauer ein trost-

Werner Lorant und Karl-Heinz Wildmoser im Olympiastadion

loses 2:2 gegen den SC Bamberg 08 zu sehen. Noch bevor die Fans ihr gellendes Pfeifkonzert beendet hatten, soll Wildmoser gesagt haben: „Unser Anspruch ist der AC Mailand." Eine bizarre Szene, und dennoch: Der barocke Patriarch sollte recht behalten.

Unter Lorants harter Hand gelang den Löwen die sofortige Rückkehr in die 2. Bundesliga. Mit fünf Punkten Vorsprung auf die SpVgg Fürth holten die Löwen die Bayernliga-Meisterschaft, auch die Aufstiegsrunde überstanden sie ohne Niederlage. Der Aufstieg wurde zusammen mit 20 000 Fans auf dem Marienplatz gefeiert. Die anschließende Zweitliga-Saison geriet zu einer Sensation, denn die Sechziger setzten sich durch überraschend beständige Leistungen im oberen Drittel der Tabelle fest und schnupperten an den Aufstiegsplätzen. Vor dem letzten Spieltag standen der VfL Bochum und Bayer Uerdingen als Aufsteiger in die Bundesliga fest, der dritte Platz allerdings war noch zu vergeben – um den jetzt im Fernduell mit dem FC St. Pauli der TSV 1860 kämpfte. Peter Pacult schoss den TSV beim SV Meppen vor 10 000 mitgereisten Fans zu einem 1:0-

Sieg, die Hanseaten verloren gleichzeitig gegen Wolfsburg. Die Sensation war perfekt! Erstmals hatte ein Verein den direkten Durchmarsch von der Bayern- in die Bundesliga geschafft, und die Löwen waren nach 13 bitteren Jahren wieder erstklassig. Die Feier auf dem Rathausbalkon durfte natürlich nicht fehlen; das eigentlich täglich um elf Uhr erklingende Glockenspiel wurde extra für die Feierlichkeiten außer Betrieb genommen. Dass weniger Fans gekommen waren, als kurz zuvor bei der Meisterfeier des FC Bayern, kommentierte Wildmoser gewohnt angriffslustig: „Stellen Sie sich vor, das Spiel wäre hier in München gewesen. Das wäre für den FC Bayern blamabel gewesen, was dann hier abgelaufen wäre."

Der Löwen-Präsident hatte ganz Fußball-Deutschland überrascht, und sogar finanziell hatte er den Verein wieder auf gesunde Beine gestellt. Die Schulden waren in den vergangenen beiden Jahren von 3,2 auf 1,8 Millionen Mark gesunken, und der Bundesligaetat von 16 Millionen Mark war so sauber berechnet, dass der DFB die Lizenz an keinerlei Auflagen knüpfte.

Auch Lorant hatte einen gewichtigen Teil dazu beigetragen, dass der TSV 1860 München wieder im Oberhaus vertreten war. Seine vielleicht größte Stärke war es, Talente früh zu erkennen und gezielt zu fördern. Unter seiner Ägide schafften Spieler wie Olaf Bodden, Harald Cerny, Manni Schwabl, Peter Pacult, Martin Max und Jens Jeremies den Sprung zum Leistungsträger. Nur an einer Sache störte sich Wildmoser nun noch: Das Grünwalder Stadion war seiner Meinung nach den Anforderungen eines Klubs mit internationalen Ambitionen nicht gewachsen: enge Umkleiden, ein Mangel an Parkplätzen, so gut wie kein Komfort. Als Ulf Kirsten von Bayer Leverkusen zum ersten Mal im „Sechzger" auflief, soll er seinen Gegenspieler Thomas Miller gefragt haben: „Kann man hier eigentlich warm duschen?" Die Löwenspieler hatten sich längst angewöhnt, sich am nahe gelegenen Trainingsgelände umzuziehen. Bei Spitzenspielen dauerte die Anfahrt mit dem Bus dennoch oft bis zu einer halben Stunde, da zahlreiche Fans den Weg versperrten. Beim Aussteigen gab es für die Sechzig-Spieler Schulterklopfer, für Gästespieler hingegen schon mal die Bierdusche. Trotz der starken Heimbilanz im Grünwalder Stadion forcierte Wildmoser des-

Der Fluch der Arena

Der TSV 1860 München hatte sich als gleichberechtigter Partner des FC Bayern München am Bau der Allianz Arena beteiligt. Nach dem Abstieg in die 2. Bundesliga gerieten die Löwen jedoch in Finanzprobleme und verkauften dem Lokalrivalen für elf Millionen Euro die Anteile am Stadion. Das große Problem: Ein Zuschauerschnitt von unter 20 000 in der 2. Liga kann die Stadionmiete der Sechziger, die bei etwa fünf Millionen Euro pro Saison liegt, bei weitem nicht decken. Nur ein Aufstieg in die Bundesliga könnte den Spielort wieder rentabel für den Verein machen, doch durch die hohe Mietbelastung muss der Klub jedes Jahr talentierte Spieler verkaufen, um den Etat auszugleichen. Der Aufstieg wird so zum Ding der Unmöglichkeit – die Löwen befinden sich in einem klassischen Teufelskreis. Da die Rückkehr an die Grünwalder Straße oder in das Olympiastadion nicht möglich ist, weil diese Spielorte nicht mehr die notwendigen Voraussetzungen für den Profifußball erfüllen, träumen viele Löwen-Fans von einer eigenen, neuen Arena. Pläne dafür gab es bereits mehrfach, vor der Kommunalwahl 2014 wurde ein mögliches Sechziger-Stadion sogar zum Thema im Wahlkampf. Sobald es an die Finanzierung der veranschlagten 50 Millionen Euro für den Bau geht, verstummen die markigen Sprüche aber schnell. Es sieht ganz danach aus, als müssten die Löwen noch viele Jahre in der ungeliebten Allianz Arena auflaufen.

halb 1995 den Umzug ins Olympiastadion, wo der TSV bis zum Abstieg im Jahr 2004 auch verbleiben sollte.

In den Bundesligajahren nach dem Aufstieg 1994 tasteten sich die Löwen in der Tabelle stetig in höhere Gefilde vor. Stars wie Thomas Häßler und der Kroate Davor Šuker wurden unter Vertrag genommen, die Zeiten im Amateurfußball waren vorbei und vergessen. Nach dem vierten Rang in der Saison 1999/2000 winkte dem TSV sogar die Teilnahme an der Champions League, doch in der Qualifikation scheiterten die Sechziger an Leeds

United, und es sprang „nur" der UEFA-Pokal heraus. Dennoch: Der TSV 1860 München hatte sich aus einem lange andauernden Tief befreit. Zwei Derbysiege gegen den FC Bayern München versüßten den Löwen die ohnehin schon erfolgreichste Saison seit Jahrzehnten. Doch schneller als gedacht holte sie die bittere Realität wieder ein: Bereits 2001 war die Krise zurück. Sportlich ging es bergab, statt der Champions League war auf einmal der Abstieg wieder ein Thema. Wildmoser drohte öffentlich mit seinem Rücktritt, und auch Lorant kokettierte mit seinem Abschied: „Einen anderen Präsidenten tue ich mir hier nicht an." Das musste er auch nicht, denn noch im selben Jahr, nach einer 1:5-Pleite gegen die Bayern, entließ ihn Wildmoser.

Eine Besserung trat jedoch auch unter Lorants Nachfolgern nicht ein: Mit nur 32 Punkten in der Saison 2003/04 stiegen die Löwen nach zehn Jahren in der Bundesliga wieder ab; bis heute ist dem TSV die Rückkehr in das Oberhaus nicht mehr gelungen. Wildmoser trat 2004 zurück, nachdem bekannt geworden war, dass sein Sohn beim Bau der Allianz Arena rund 2,8 Millionen Euro an Schmiergeldern kassiert hatte, um einer österreichischen Baufirma den Auftrag zu verschaffen. Wildmoser starb 2010 überraschend im Alter von 71 Jahren.

FC Bayern: Steiniger Weg an die Spitze

Der FC Bayern lief wie der TSV 1860 München ab 1945 zunächst dem Geschehen hinterher. Nicht einmal zu den Gründungsmannschaften der Bundesliga gehörte der Verein. Durch beständige Arbeit, Konstanz in der Führungsebene und das Glück, zur richtigen Zeit am richtigen Ort zu sein, holten die Bayern aber schnell auf und spielten Mitte der 70er-Jahre nicht nur in Deutschland, sondern weltweit den besten Fußball. Zudem brachten die „Roten" eine goldene Generation von Sportlern hervor, die allesamt in die Geschichte eingingen. Was jedoch noch weitaus bemerkenswerter ist: Der FC Bayern hat es geschafft, dieses Spitzenniveau über Jahrzehnte zu halten – auch wenn es immer wieder kleinere und größere Rückschläge und Durststrecken gab.

Landauer kehrt zurück

> *„Für ihn gab es nur den FC Bayern – das war sein Leben."*
> (Uri Siegel über seinen Onkel Kurt Landauer)

Bereits sechs Wochen nach der bedingungslosen Kapitulation NS-Deutschlands rollte beim FC Bayern München wieder der Ball. Das Stadtderby gegen den FC Wacker wurde allerdings mit 3:4 verloren. Zudem musste der Vereinsvorsitzende Xaver Heilmannseder, der nach dem Krieg vorübergehend die Geschäfte leitete, für 48 Stunden ins Gefängnis. Er hatte von den Besatzungsmächten keine Spielerlaubnis erhalten – und jedwede Art der Versammlung war aus Angst vor der Bildung von Widerstandsgruppen untersagt. Unter den Vorbehalten der US-Amerikaner hatte selbst der „Judenklub" FC Bayern zu leiden. Erst als der ehemalige Präsident Kurt Landauer 1947 aus dem Schweizer Exil zurückkehrte, sollte vieles einfacher werden. Er befand sich eigentlich nur auf der Durchreise und hatte bereits ein Visum für die Vereinigten Staaten in der Tasche. Doch im zerstörten München angekommen, entschied er sich, zu bleiben und den FC Bayern ein zweites Mal aufzubauen.

Obwohl fast seine ganze Familie während des Holocausts ermordet worden war, kehrte Landauer Deutschland nicht den Rücken – wohl aus Heimatliebe und Verbundenheit mit dem FC Bayern. Dass er als verfolgter Jude nicht in Verdacht kommen konnte, mit den Nationalsozialisten kollaboriert zu haben, wurde zu einem Vorteil, den er für seinen Verein geschickt ausspielte: Er setzte sich bei den Besatzern für Spielgenehmigungen und beim ihm wohlbekannten Oberbürgermeister Karl Scharnagl für Trainings- und Spielstätten ein. Nach Kriegsende trainierte und spielte der FC Bayern zunächst auf einem Platz der Bayerischen Hypothekenbank, 1948 zog er an die Säbener Straße auf die Bezirkssportanlage Harlaching um. Das Gelände dort hatte Landauer der Stadt München abgerungen; nur eine Umzäunung bekam er zunächst nicht wie gewünscht, denn die Stadt äußerte Bedenken, dass die Latten geklaut und als Brennmaterial verwendet würden. Seit seiner Rückkehr setzte Landauer außerdem alles daran, das Grünwalder Stadion wieder in einen vernünftigen Zustand zu bringen. Er wusste: Nur mit den Zuschauereinnahmen würde der FC Bayern endgültig wieder auf die Füße kommen.

Die Kalorienspiele

Wie die meisten Menschen im Nachkriegsdeutschland hatten auch die Fußballer des FC Bayern unter der Nahrungsmittelknappheit zu leiden. Um seine Spieler bei Kräften zu halten, hatte Kurt Landauer eine ganz besondere Idee: Er organisierte Freundschaftsspiele gegen bayerische Dorfmannschaften. Diese freuten sich, gegen den Deutschen Meister von 1932 antreten zu dürfen, und im Gegenzug stellten sie eine deftige Mahlzeit für die Bayern-Spieler bereit – die sogenannten Kalorienspiele waren erfunden.

Im Jahr 1948 sorgte Landauer für einen wichtigen Schritt Deutschlands aus der Isolierung. Noch immer war es deutschen Sportlern untersagt, an internationalen Wettkämpfen teilzunehmen. Mit einer St. Galler Stadtauswahl, bestehend aus Spielern des FC St. Gallen und des SC Brühl, reiste jedoch eine Schweizer Mannschaft zu einem Benefizspiel nach München. Die Kontakte der Eidgenossen zu Landauer bestanden seit den 20er-Jahren, als den FC Bayern und den FC St. Gallen eine enge Freundschaft verband. Die Münchner traten mit Spielern der Bayern und der Löwen an und gewannen das Spiel vor mehreren zehntausend Zuschauern mit 5:1; der Erlös wurde dem Münchner Waisenhausfonds gutgeschrieben. Und noch viel wichtiger: Die Schweizer hatten den Deutschen nur drei Jahre nach dem Zweiten Weltkrieg die Hand gereicht.

Trotz Landauers Bemühungen gelang es dem FC Bayern aber nicht, an die sportlichen Erfolge der frühen 30er-Jahre anzuknüpfen. Nur einmal konnten sich die Münchnern in den Nachkriegsjahren für die Endrunde um die Deutsche Meisterschaft qualifizieren. In der Saison 1948/49 belegten die Bayern hinter Mannheim und Offenbach und nur einen Punkt vor den Löwen Platz drei der Oberliga Süd, der zur Teilnahme an den Ausscheidungsspielen berechtigte. Dort war jedoch gegen den FC St. Pauli bereits in der ersten Runde Schluss. Die erste Partie in Hannover wurde nach 120 Minuten mit 1:1 beendet, das Wiederholungsspiel am darauffolgenden Tag gewannen die Hanseaten mit 2:0.

Auch Landauer geriet mit dem ausbleibenden Erfolg immer mehr unter Druck, bis man sich schließlich von ihm trennte. Angeblich soll er für einige Funktionäre des FC Bayern ein „wandelndes schlechtes Gewissen" gewesen sein, das sie ständig an die Gräuel der Nazis erinnerte. Doch wahrscheinlicher ist die Version, dass Landauer 1951 aus rein sportlichen Gründen als Präsident abgewählt und durch den wesentlich jüngeren Julius Scheuring aus der Handballabteilung ersetzt wurde. Landauer war durch seine Abwahl allerdings schwer getroffen, sah sein Lebenswerk aus seinen Händen gleiten und wurde vorerst nicht mehr bei Spielen des FC Bayern angetroffen. Doch der Verein bemühte sich um eine Wiedergutmachung:

Noch im selben Jahr kam es zu einer Versöhnung. Zu Landauers 50-jähriger Vereinszugehörigkeit besuchte ihn die Führungsriege zu Hause in seiner Schwabinger Wohnung. In der Vereinszeitung wurde über diese Aufwartung berichtet:

> *„Die Blumen erfreuten den Jubilar sichtlich. [...] Und dann geschah es, dass er seine Bayernnadel mit den Brillanten, die ihm 1932 einmalig verliehen wurde und die er am 10. April 1951 abgelegt hatte, wieder an seinem Rockaufschlag befestigte, ohne ein Wort zu sagen, aber die drei Gratulanten verstanden die Geste."*

In den darauffolgenden Jahren war Landauer wieder aktives Mitglied beim FC Bayern; sogar als Präsident war er noch einmal im Gespräch. Später griff er dem Verein mit einem Darlehen von 10 000 Mark aus seiner Wiedergutmachungszahlung unter die Arme. Erst in den letzten Jahren seines Lebens zog er sich aus gesundheitlichen Gründen aus dem Vereinsleben zurück. Er starb am 21. Dezember 1961 in München.

Späte Ehren für Landauer

Lange Zeit war der Name Kurt Landauer nur Historikern und absoluten Insidern ein Begriff. Erst die Ultra-Fans des FC Bayern München holten die Erinnerung an ihn anlässlich seines 125. Geburtstages im Jahr 2009 zurück. Mit einer gewaltigen Choreografie im Stadion gedachten sie ihres ersten Meistermachers. Auch 2014, im Rahmen des Holocaust-Gedenktages, spannten die Fans erneut riesige Banner mit dem Konterfei Landauers über die Südkurve. Für die Ultra-Gruppierungen des FC Bayern, die sich gegen Rassismus und Antisemitismus engagieren, steht Landauer nicht nur für sportlichen Erfolg, sondern auch für Toleranz im Fußball. Auch der FC Bayern besann sich spät auf die für seine Geschichte so wichtige Figur und ernannte Landauer 2013 posthum zum Ehrenpräsidenten. Die ARD produzierte außerdem einen TV-Spielfilm und eine Dokumentation über ihn.

Magere Jahre in der Oberliga

Auch nach dem Abschied des Präsidenten Landauer hoffte der FC Bayern vergeblich auf einen sportlichen Aufschwung. Im Gegenteil: In der Saison 1954/55 kassierten die Bayern 23 Niederlagen in 30 Spielen und mussten sogar den Gang in die 2. Liga antreten, wo Gegner wie Penzberg und Straubing warteten – der bis heute einzige Abstieg in der Geschichte des heutigen Rekordmeisters. Dem Verein gelang zwar der sofortige Wiederaufstieg in die Oberliga, zu den Spitzenteams gehörten die Bayern aber noch lange nicht. Umso überraschender war der Erfolg im DFB-Vereinspokal 1957. Vor 44 000 Zuschauern im schneebedeckten Augsburger Rosenaustadion besiegten die Münchner Fortuna Düsseldorf mit 1:0 und sorgten damit für den größten Erfolg des Münchner Fußballs in den 50er-Jahren.

Leistungsträger und Kapitän war in dieser Zeit der Verteidiger Hans Bauer. Der waschechte Münchner, der seine Karriere beim FC Wacker begonnen hatte, versprühte zumindest etwas Glamour und Weltklasse in der ansonsten trostlosen Oberliga-Zeit der Bayern. 1954 hatte er zusammen mit der Deutschen Nationalmannschaft den WM-Titel gewonnen, beim Empfang der Elf auf dem Münchner Rathausbalkon stand er neben den Größen Fritz Walter, Helmut Rahn und Toni Turek. Oberbürgermeister Thomas Wimmer zeigte sich in seiner Rede stolz, „dass mit Hans Bauer, Mitglied des FC Bayern, auch ein Münchner in der deutschen Expedition stand“. Da Bauer wie alle Spieler neben dem Sport auch einem geregelten Beruf nachging, stand er tagsüber an der Zapfsäule einer Münchner Tankstelle; abends ging es zum Training an die Säbener Straße. Als er 1959 nach elf Jahren beim FC Bayern seine Fußballschuhe an den Nagel hängte, hatte er 226 Oberligaspiele bestritten – mehr als jeder andere Spieler. Bauer starb 1997 da, wo er geboren wurde: im Münchner Stadtteil Sendling.

Ein Jahr nach dem Triumph im Pokal kam der FC Bayern endlich in ein ruhigeres Fahrwasser, sowohl finanziell als auch sportlich. Zudem wuchs die Zahl der Zuschauer stetig an, in der Saison 1958/59 wollten im Durchschnitt 22 800 Menschen die Heimspiele der Bayern verfolgen. Mit dem Ungarn Árpád

Fazekas und dem Jugoslawen Miloš Milutinović kickten inzwischen auch Legionäre aus dem Ausland in München, die das Niveau beträchtlich anhoben. Mit Rainer Ohlhauser hatten die Bayern zudem einen jungen Angreifer in ihren Reihen, der eine erfolgreiche Ära mitprägen sollte. Auch dank seiner Tore beendeten die „Roten" zwei Spielzeiten in Folge auf dem dritten Platz – immer noch zu wenig allerdings, um 1963 beim Start der Bundesliga berücksichtigt zu werden. „Die Steinzeit im deutschen Fußball ist beendet", begrüßte „Die Welt" die Einführung der neuen Profiliga, doch die Bayern verblieben, anders als der TSV 1860 München, in der „steinzeitlichen" Regionalliga.

Die goldene Generation tritt an

Als der vermögende Bauunternehmer Wilhelm Neudecker 1962 den FC Bayern München übernahm, begann eine neue Ära – auch wenn der Verein nach wie vor nur zweitklassig war. Neudecker griff tief in die eigene Tasche und holte unter anderem den jugoslawischen Trainer Zlatko Čajkovski nach München, der wegen seiner Größe von nur 1,64 Metern „Tschik" nach dem kroatischen Wort für Zigarettenstummel genannt wurde. Seiner Frau zuliebe verzichtete er auf ein 100 000-Dollar-Angebot aus Spanien, angeblich aus kulinarischen Gründen: „Kommandant sagen: In Barcelona kein Ražnjići und Ćevapčići." In München fühlte sich das Ehepaar hingegen gleich heimisch, in den Balkan-Restaurants durfte der Trainer angeblich sogar in der Küche abschmecken.

Nicht nur kulinarisch war der Jugoslawe aber ein Gewinn: Unter Čajkovski, der als Spieler an zwei Weltmeisterschaften teilgenommen hatte und den begeisternden Offensivfußball Jugoslawiens in München lehren sollte, griff der FC Bayern nach dem Aufstieg. 1964 scheiterten die Münchner zwar noch knapp, dafür ging in der Aufstiegsrunde der Stern eines Spielers auf, der eine goldene Ära bei den Bayern prägen sollte: Franz Beckenbauer debütierte beim 4:0 gegen den FC St. Pauli und führte sich gleich mit einem Tor ein. In der Folgesaison rückte er

Bayern-Trainer Zlatko Čajkovski

ganz offiziell zusammen mit Torwart Sepp Maier in den Kader auf; zudem wurde mit Gerd Müller vom TSV Nördlingen ein hoffnungsvoller Torjäger verpflichtet. Im zweiten Anlauf, dank der jungen Generation von Spielern und mit einer 8:0-Gala gegen Tennis Borussia Berlin, glückte den Bayern 1965 endlich die Versetzung in die Bundesliga. 6000 Fans empfingen die Mannschaft am Flughafen Riem. München war nun die erste Stadt Deutschlands, die mit zwei Mannschaften in der höchsten Spielklasse vertreten war. Der Spiegel schrieb angesichts der Begeisterung, die der Aufstieg in München entfacht hatte:

> *„Mit Fahnen, Transparenten, Trompeten und Anhängertross marschierte die Mannschaft nach dem Aufstieg im Triumphzug rund um den Tegernsee. Die Mitgliederzahl kletterte von 3000 in einem Jahr auf 5200 (unter den Zugängen: Franz-Josef Strauß). Das 5000. Mitglied bekam eine goldene Uhr im Werte von 1000 Mark."*

Als sich zu Beginn des ersten Bundesligajahres der Bayern auch noch die „Roten" und „Blauen" an der Tabellenspitze abwechselten, wünschte sich Ex-Nationalspieler Fritz Walter: „Jetzt möchte ich in München wohnen, in München ist was los mit Fußball." Die Saison hatte gleich mit einem Derby gegen die Löwen begonnen, das der FC Bayern mit 0:1 verlor. Dennoch etablierten sich die Bayern auf Anhieb in der Bundesliga und schlossen die Spielzeit mit Platz drei und dem Pokalsieg ab – sie waren fortan tonangebend in Deutschlands höchster Spielklasse. Doch die wirklich großen Zeiten von Beckenbauer, Müller und Co. standen erst noch bevor.

Vom Giesinger Buam zum Fußballkaiser

Franz Beckenbauer wurde 1945 in München geboren und wohnte in der Zugspitzstraße, nur einen Steinwurf vom Grünwalder Stadion entfernt. Schon früh begann er mit dem Fußballspielen, zunächst beim SC München 1906. Folgerichtig wäre für den Giesinger anschließend ein Wechsel zum TSV 1860 München gewesen, doch es sollte anders kommen. Wäh-

rend eines Jugendspiels gegen die Löwen bekam er von einem Gegenspieler eine „Watschn“ verpasst und wechselte deshalb im Alter von 13 Jahren zum FC Bayern. Dort gab der Mittelfeldspieler mit 18 Jahren sein Debüt in der ersten Mannschaft, wo er bis 1977 aktiv war.
In dieser Zeit feierte er so viele Erfolge wie kein anderer deutscher Spieler vor ihm: Weltmeister, Europameister, viermaliger Europapokalsieger, viermaliger Deutscher Meister, viermaliger Pokalsieger. Seinen Spitznamen „Kaiser“ verdankt er einer Partie bei Schalke 04 im Jahr 1969, als er seinen Gegenspieler Reinhard Libuda, genannt „König von Westfalen“, foulte. Die gegnerischen Fans pfiffen ihn aus, woraufhin Beckenbauer den Ball vor ihrer Fankurve etwa 40 Sekunden lang in der Luft jonglierte. Die Presse suchte nach einer Steigerung von „König“ und landete folgerichtig bei „Kaiser“. Zeitweise war er im Spiel der Bayern so dominant, dass die Presse vom „FC Beckenbauer“ sprach. Selbst sein Trainer „Tschik“ Čajkovski resignierte, als er seine Anweisungen nicht befolgte: „Er weiß am besten, was ist gut.“
Seine aktive Karriere ließ Beckenbauer bei New York Cosmos ausklingen, wo er an der Seite des Brasilianers Pelé für einen nie wieder erreichten Fußball-Hype sorgte und durchschnittlich fast 50 000 Zuschauer ins Stadion lockte. Als Trainer führte er die Deutsche Nationalmannschaft 1990 zum WM-Erfolg und war damit nach dem Brasilianer Mário Zagallo erst der zweite Mensch, der sowohl als Spieler als auch als Trainer diesen Titel holte – ohne jeglichen Trainerschein, wohlgemerkt. Dem FC Bayern ist er bis heute eng verbunden geblieben; zweimal stellte er sich sogar als Interimscoach zur Verfügung und holte auf diese Weise unverhofft einen Meistertitel und den UEFA-Pokalsieg. Bei der Fußball-WM 2006 in Deutschland fungierte er als Chef des Organisationskomitees, während des Turniers war er bei 48 von 64 Spielen selbst vor Ort – mithilfe eines Helikopters, der ihn von Spielort zu Spielort flog. Seit 2009 ist der „Kaiser“ Ehrenpräsident des FC Bayern München.

Auf Europas Thron

Neben Čajkovski hatte Bayern-Präsident Neudecker einen weiteren wichtigen Pfeiler des Erfolgs installiert: Robert Schwan, der als erster professioneller Manager eines Fußballvereins 1964 seine Arbeit aufnahm. Sein wohl berühmtester Satz war: „Ich kenne nur zwei vernünftige Menschen. Robert Schwan am Vormittag und Robert Schwan am Nachmittag." Mit rechnerischem Kalkül arbeitete er an seiner Vision, den Fußball weg vom Proletenimage zu führen und salonfähig zu machen. Er engagierte Englisch- und Kniggekurse für seine Spieler, ließ sie in noblen Hotels absteigen und lockte damit ein neues, konsumfreudiges Publikum an. Nach dem Umzug in das Olympiastadion konnten sich die Reichen und Schönen die Spiele in den VIP-Logen ansehen; Fußball wurde zum gesamtgesellschaftlichen Ereignis. Für den FC Bayern wiederum bedeutete das eine gut gefüllte Kasse, die den sportlichen Höhenflug erst möglich machte.

Eine erste Kostprobe dessen, was noch kommen sollte, lieferten die Bayern 1967 ab: In der Bundesliga früh abgeschlagen, konzentrierten sich die Mannen um Beckenbauer früh auf den Europapokal der Pokalsieger. Mit teils souveränen Vorstellungen, teils auch mit Glück zog der FC Bayern in das Endspiel von Nürnberg ein, wo er nach 120 Minuten dank Franz „Bulle" Roths Tor mit 1:0 gegen die Glasgow Rangers gewann. Die Bayern hatten nur zwei Jahre nach dem Aufstieg in die Bundesliga ihren ersten internationalen Titel gewonnen. Natürlich wurde ausgelassen am Marienplatz gefeiert.

Um nach 1932 wieder einen Deutschen Meistertitel zu holen, fehlte den Bayern aber noch der Feinschliff. Nach Čajkovski, der die jungen Talente gefördert und die Offensive belebt hatte, brachte ab 1968 Trainer Branko Zebec der Mannschaft die nötige Stabilität in der Defensive bei. Er baute zudem auf Kontinuität und setzte im Verlauf der ganzen Saison nur 13 Spieler ein – ein Vorgehen, das sich bezahlt machen sollte. Der FC Bayern war vom ersten bis zum letzten Spieltag Tabellenführer und feierte am Ende seinen ersten Meistertitel seit 37 Jahren. Obendrein gelang den Bayern der Pokalsieg; es war das erste deutsche Double seit dem Schalker Coup 1937.

FC Bayern: Meisterschaft in der Saison 1968/69

In der Folgesaison geriet der soeben warm gelaufene Motor der Bayern aber ins Stottern: Nach nur einem Punkt aus drei Spielen musste Zebec bereits wieder gehen. Für ihn kam mit Udo Lattek der bisherige Assistenztrainer der Nationalmannschaft – ein gewagtes Unterfangen, da Lattek mit 35 Jahren außergewöhnlich jung war und kaum Erfahrung als Vereinstrainer vorweisen konnte. Doch seine Strategie, den Kader zu verjüngen, sollte sich als goldrichtig herausstellen. Mit Uli Hoeneß und Paul Breitner holte er zwei Spieler, die neben Beckenbauer und Müller den Unterschied ausmachten und entscheidend an einer furiosen Saison 1971/72 beteiligt waren. In den ersten 14 Spielen blieb der FC Bayern ohne Niederlage; am Ende hatte er 55 Punkte und 101 Tore auf dem Konto, und Müller wurde mit 40 Treffen Torschützenkönig – allesamt Rekorde einer zuvor nie da gewesenen Meistersaison. Bis heute hat die Anzahl der Tore und die Müller-Treffer niemand überbieten können; auch der Punkterekord wurde erst in der Saison 2011/12 von Borussia Dortmund gebrochen.

WM-Triumph mit „Koloss" Maier

Die eingespielte Bayern-Elf, die 1974 den Europapokal der Landesmeister gewann, lieferte auch den Grundstock für die anschließende Fußball-WM in Deutschland. Mit Sepp Maier, Franz Beckenbauer, Paul Breitner, Georg „Katsche" Schwarzenbeck, Uli Hoeneß, Hans-Josef „Jupp" Kapellmann und Gerd Müller standen sieben Bayern-Spieler im Kader der Nationalmannschaft. Außer Kapellmann kamen sie in allen sieben Spielen zum Einsatz. Während Beckenbauer und Breitner mit ihrer Übersicht glänzten und Müller mit vier Toren erfolgreichster deutscher Torschütze wurde, entwickelte sich Schlussmann Maier im Verlaufe des Turniers zum besten Torwart der Welt. „Deutschland – ein Hurrikan. Maier – ein Koloss", schrieb eine spanische Zeitung nach dem 2:1-Finalsieg der Deutschen gegen die Niederlande.

Mit dem neuen Spielort Olympiastadion im Rücken verteidigten die Bayern auch in den kommenden beiden Spielzeiten den Meistertitel und waren spätestens jetzt zum unangefochtenen Krösus in Deutschlands Fußballwelt geworden. Doch ein Erfolg fehlte den Bayern noch in ihrer Sammlung: Nach zwei Halbfinal-Teilnahmen peilten die Münchner 1974 auch den Erfolg in Europas Königsklasse, dem Europapokal der Landesmeister, an. Nach Zitterpartien gegen den schwedischen Klub Åtvidabergs FF und Dynamo Dresden bewältigten die Bayern die folgenden Runden gegen ZSKA Sofia und Újpest Budapest ohne Probleme. Zum Endspiel im Brüsseler Heysel-Stadion reiste die Mannschaft mit guten Erinnerungen, schließlich war Deutschland an dieser Stelle zwei Jahre zuvor Europameister geworden. Doch Atlético Madrid erwies sich als ebenbürtiger Gegner, nach 90 Minuten ging es mit 0:0 in die Verlängerung. Als Luis Aragonés in der 114. Minute per Freistoß das 1:0 für die Spanier erzielte, schien der Traum von Europas Thron ausgeträumt. Doch Sekunden vor Spielende zog Georg „Katsche" Schwarzenbeck nach einem Anspiel von Beckenbauer aus gut 30 Metern ab und traf mit diesem Verzweiflungsschuss zum 1:1. Ein Wiederholungsspiel zwei Tage später wurde angesetzt, und diesmal hatte Madrid dem Angriffsspiel der Bayern nichts entgegenzusetzen. Durch je zwei Treffer von Hoeneß und Maier (Endstand 4:0) gewann der FC Bayern erstmals den Europapokal der Landesmeister und war endlich auch international an der Spitze angekommen.

Dem WM-Triumph mit der Nationalelf folgte jedoch der schmerzvolle Kater mit dem FC Bayern. Kurz vor dem Bundesligaauftakt gab Breitner seinen Wechsel zu Real Madrid bekannt und verabschiedete sich mit Worten, die dem Klub wie ein Fluch anhaften sollten: „Die Bayern sind satt." Tatsächlich spielten sie die schlechteste Bundesligasaison ihrer Geschichte und wurden nur Zehnter, was noch in der Winterpause das Ende für die so erfolgreiche Ära Lattek bedeutete. Unter seinem Nachfolger Dettmar Cramer, zuvor Nationaltrainer der USA, gewannen die Bayern zwar noch zweimal in Folge den Europapokal der Landesmeister, doch im Tagesgeschäft Bundesliga funktionierte nichts mehr so, wie es sein sollte. Beckenbauer wechselte nach einer Schlammschlacht mit der Boulevardpresse wegen einer Affäre nach New York, die Bayern kassierten 65 Gegentore in einer Saison und vor heimischem Publikum gab es eine denkwürdige 0:7-Demütigung gegen Schalke. Keine Frage: Ein Umbruch war nötig, die glorreichen Zeiten waren vorerst Geschichte.

Der Jimi Hendrix des Fußballs

Paul Breitner (geboren 1951 in Kolbermoor) trug die wohl bekannteste Frisur der Bundesligageschichte und galt als Intellektueller und Revoluzzer. Eigentlich war es ein Wunder, dass er Zeit seines Lebens nur für die drei Vereine FC Bayern, Real Madrid und Eintracht Braunschweig spielte, denn pflegeleicht war er nie. Als antiautoritärer Sportler im autokratischen Fußballbetrieb sorgte Breitner regelmäßig für Skandale. Im Trainingslager las er Schriften von Marx, Lenin oder Mao, und als sich Mannschaftskollegen 1972 bei der CSU engagierten, bot er sich der SPD im Wahlkampf an. In Uli Hoeneß fand er bei den

Bayern einen Spezl fürs Leben, mit dem er eine WG gründete. Als sich Breitner vor den Feldjägern im Kohlenkeller versteckte, soll Hoeneß für ihn gelogen haben: „Der ist nicht da."
Nach einem Meistertitel mit den Bayern schimpfte Breitner: „In diesem scheiß Verein kann man nicht einmal richtig feiern." Sagte es, schnappte sich eine Champagnerflasche und sprang ins Entmüdungsbecken. „Pornografie", kommentierte Bundestrainer Helmut Schön, nachdem er das entsprechende Foto in der Presse gesehen hatte. Bayern-Präsident Wilhelm Neudecker wollte Breitner danach schnellstmöglich loswerden, „sonst habe ich in Kürze Verhältnisse, wie sie an den Hochschulen herrschen". Die Mannschaft stand jedoch zu ihrem Rebellen, und so blieb Breitner ein weiteres Jahr in München. „Solange ich gut bin, kann ich mir alles erlauben", erkannte er.
1974 wechselte er dann doch zu Real Madrid, allerdings nicht ohne eine Breitseite gegen seine Heimat, die entsprechende Empörung auslöste: „Ich fühle mich nicht als Deutscher, ich fühle mich bestimmt auch nicht als Bayer." Als er nach der Zwischenstation Braunschweig („Ein Tante-Emma-Laden, in dem alle nur über Pferdeäpfel sprechen") wieder bei den Bayern landete, lehnte er sich gegen die bevorstehende Verpflichtung des strengen Max Merkel als Trainer auf und brachte Präsident Neudecker schließlich dazu, entnervt zurückzutreten, da am Ende die ganze Mannschaft mit Trainingsboykott gedroht hatte. 1977 kündigte er öffentlichkeitswirksam seinen Rücktritt aus der Nationalmannschaft an. DFB-Präsident Hermann Neuberger sagte damals, ein Rücktritt sei gar nicht möglich: „Er gehörte ja gar nicht wieder zur Nationalmannschaft." Breitners Reaktion: „Leckt's mi'."
DFB-Präsident Egidius Braun wollte ihn trotz aller Skandale 1998 zum Bundestrainer machen – bis er erfuhr, dass dieser kurz zuvor in einem Interview empfohlen hatte, das gesamte DFB-Präsidium zum Teufel zu schicken. Breitners Engagement als Nationalcoach war nach nur einer Nacht wieder beendet. Als Rebell will er sich dennoch nicht bezeichnet wissen, das sei nur eine „Floskel", sagt er. Eher schon als der Jimi Hendrix des Fußballs. „Das würde zutreffen, denn die Aufruhr damals war ansatzweise so wie bei Jimi Hendrix."

Umbruch und Aufbruch

Die Jahre 1978 und 1979 wurden zu Abschiedsjahren beim FC Bayern – und zugleich zu einem Neubeginn. Mit Gerd Müller verabschiedete sich der bis heute erfolgreichste Torjäger der Bundesligageschichte. Er hatte in 427 Spielen 365 Tore erzielt – eine Marke, die wohl nie wieder übertroffen werden wird – und ließ seine Karriere in den USA ausklingen. Uli Hoeneß, der wegen Verletzungsproblemen seinen Stammplatz verloren hatte, wechselte auf Leihbasis für eine Saison zum 1. FC Nürnberg, Präsident Wilhelm Neudecker und Manager Robert Schwan nahmen ihren Hut, Sepp Maier musste seine Laufbahn nach einem Autounfall vorzeitig beenden und auch „Katsche“ Schwarzenbeck trat wegen einer Verletzung zurück. Dafür ge-

Karl-Heinz Rummenigge, 1981

langte nun ein anderer ins Rampenlicht: Karl-Heinz Rummenigge. Er stand bereits seit 1974 in Diensten des FC Bayern, doch erst nach dem Abschied der ganzen Alphatiere konnte er sein ganzes Potenzial entfalten. Gemeinsam mit Rückkehrer Paul Breitner, Klaus Augenthaler und Dieter Hoeneß führte er die Bayern 1980 zum ersten Meistertitel seit sechs Jahren, wurde Torschützenkönig und am Ende sogar zu Europas Fußballer des Jahres gewählt.

Und noch ein anderer Mann schickte sich an, das Machtvakuum beim FC Bayern zu füllen: Uli Hoeneß. Er hatte seine aktive Laufbahn nach einem Knorpelschaden endgültig beenden müssen und übernahm nach seinem kurzen Nürnberger Gastspiel mit nur 27 Jahren den frei gewordenen Posten des Managers. Mit sechs Meistertiteln und drei Pokalsiegen machte er den FC Bayern in den 80er-Jahren wieder zur dominanten Größe in Deutschland. Unvergessen ist bis heute der Pokalsieg 1982, als der FC Bayern gegen den 1. FC Nürnberg zur Halbzeit bereits mit 0:2 zurück lag, das Spiel aber noch drehte und letztlich mit 4:2 gewann. Dieter Hoeneß steuerte per Kopfball den letzten Treffer bei – trotz eines Kopfverbandes und blutender Wunde. Nur international sollte die Durststrecke noch lange nicht beendet sein: Gleich zweimal (1982 und 1987) scheiterten die Münchner im Endspiel des Europapokals der Landesmeister. Nach dem dreimaligen Triumph in den 70ern lastete auf einmal ein Europapokal-Fluch auf den Bayern, der erst 1996 mit dem Erfolg im UEFA-Pokal besiegt wurde (2:0 und 3:1 gegen Girondins Bordeaux) – ein schwacher Trost, aber immerhin.

Erneuter Angriff auf die Spitze

Die 90er-Jahre begannen äußerst turbulent. Mit Klaus Augenthaler, Stefan Reuter, Jürgen Kohler, Hansi Pflügler und Raimond Aumann hatte der FC Bayern zwar gleich sechs Weltmeister in seinen Reihen, wie schon nach dem Titel 1974 lief nach diesem Triumph aber im Verein nicht viel zusammen. Drei Jahre ohne Titel inklusive Pokalblamage bei den Amateuren des FC

Matthäus – ein Jahrhundertspieler

Im Sommer 1984 überwies der FC Bayern 2,4 Millionen Mark Ablöse an den Ligarivalen Borussia Mönchengladbach, um eines der größten Talente Deutschlands unter Vertrag zu nehmen: Lothar Matthäus. Nach dem Abschied des kongenialen Duos Karl-Heinz Rummenigge und Paul Breitner, auch bekannt als „Breitnigge", formte Trainer Udo Lattek eine neue Mannschaft, und der 1961 in Erlangen geborene Matthäus sollte eine wichtige Rolle dabei einnehmen. Als torgefährlicher Antreiber und Spielgestalter wurde er gleich in seiner ersten Saison mit den Bayern Meister und entwickelte sich zu einem Spieler von Weltformat. Auch aus der Nationalmannschaft war Matthäus seit der WM 1986 in Mexiko, wo er an der Seite von Felix Magath die Fäden im Mittelfeld zog, nicht mehr wegzudenken. 1988 wechselte er zum italienischen Spitzenklub Inter Mailand; unter dem Trainer Giovanni Trapattoni vollzog Matthäus die Entwicklung zu einem der besten Fußballer aller Zeiten.
Zum Höhepunkt seiner Karriere wurde die WM 1990 in seiner Wahlheimat Italien, wo er mit der Deutschen Nationalmannschaft den Titel holte und im Anschluss zum Weltfußballer und Weltsportler des Jahres gewählt wurde. 1992 kehrte er zum FC Bayern zurück, wo er trotz mehrerer schwerer Verletzungen noch einige Jahre auf hohem Niveau spielte. Im Jahr 2000 ließ er seine Laufbahn, ähnlich wie einst Franz Beckenbauer, bei den New York Metro Stars ausklingen. In der Nationalelf war er als 38-Jähriger letztmals bei der EM 2000 aktiv, bei seinem Karriereende war er der einzige deutsche Fußballer, der an fünf Weltmeisterschaften teilgenommen und über 20 Jahre lang in der DFB-Auswahl gespielt hatte.

Weinheim folgten, und auch auf dem Trainerstuhl gab es keine Konstanz. Erst musste Jupp Heynckes gehen, dann gaben sich Søren Lerby und Erich Ribbeck die Klinke in die Hand. Als Franz Beckenbauer mitten in der Saison 1993/94 das Ruder übernahm, klappte es jedoch wieder mit der Meisterschaft. Unter den anschließenden Hoffnungsträgern Giovanni Trapattoni und Otto Rehhagel misslang es dem Rekordmeister aber erneut, konstant gute Leistungen abzurufen. Erst als Beckenbauer zum zweiten Mal als Retter einsprang, durften die Bayern wieder eine Trophäe in den Himmel recken: den UEFA-Pokal, ein kleines Trostpflaster nach den erfolglosen Jahren in den nationalen und internationalen Wettbewerben. Anschließend durfte sich erneut „Maestro" Trapattoni in München versuchen, und seine zweite Amtszeit verlief schon erfolgreicher: Er holte Meisterschaft und Pokalsieg, blieb aber vor allem wegen seiner Wutrede („Was erlauben Struunz") in Erinnerung.

Mit Trapattonis Nachfolger Ottmar Hitzfeld fanden die Bayern dann auch wieder Aufnahme in die europäische Elite. 1997 hatte Hitzfeld Borussia Dortmund zum Sieg in der Champions League geführt, nun sollte er das gleiche mit den Bayern machen. Und der Plan schien aufzugehen: Gleich in seiner ersten Saison gelangen ihm die Meisterschaft und der Einzug in das Champions-League-Finale. Doch dort sollte der FC Bayern die wohl schwärzesten Minuten seiner Vereinsgeschichte erleben: Der Gegner im Endspiel von Barcelona hieß Manchester United, eine Elf gespickt mit Stars wie David Beckham und Ryan Giggs. Dennoch spielten die Münchner die Briten phasenweise an die Wand, Mario Basler hatte bereits in der sechsten Minute das 1:0 erzielt. Nur die Chancenverwertung blieb mangelhaft, und das sollte sich kurz vor Spielende rächen. Hitzfeld hatte Matthäus und Basler bereits ausgewechselt, um das Ergebnis über die verbleibenden drei Minuten Nachspielzeit zu retten. Dann geschah das Unfassbare: Nach zwei Eckbällen in der 91. und 93. Minute traf United durch Teddy Sheringham und Ole Gunnar Solskjær zum 2:1, der Triumph in der Königsklasse ging an Manchester. Brutaler hatte noch nie eine Mannschaft in einem Europapokalfinale verloren, fassungslos saßen die Bayern-Spieler noch Minuten nach dem Abpfiff auf dem Rasen.

In der Folgesaison sicherten sich die Bayern zwar zum dritten Mal in der Vereinsgeschichte das Double aus Meisterschaft und Pokalsieg, in der Königsklasse war allerdings im Halbfinale gegen Real Madrid Endstation. Doch die Mannschaft sollte durch das traumatische Erlebnis von Barcelona noch enger

Der FC Bayern nach dem Champions-League-Finale 1999 gegen Manchester (1:2)

zusammenwachsen und schon 2001 zurückschlagen. Nach einem denkwürdigen Endspurt in der Bundesliga, als Schalke 04 schon die Meisterschaft feierte, der FC Bayern aber in der Nachspielzeit noch einen Treffer erzielte und an den „Königsblauen" vorbeizog, stand die erneute Teilnahme am Champions-League-Finale an. Spielort war diesmal Mailand, der Gegner hieß FC Valencia. Durch zwei Strafstöße stand es nach 90 Minuten 1:1, es ging in die Verlängerung und anschließend in das Elfmeterschießen. Dort avancierte Oliver Kahn zum Helden des Abends, indem er drei Elfmeter parierte und dem FC Bayern nach einer 25-jährigen Dürreperiode wieder auf Europas Fußballthron verhalf. Als Kapitän Stefan Effenberg im Guiseppe-Meazza-Stadion den Pott in den Abendhimmel streckte, jubelte nicht nur München, sondern ganz Deutschland mit den „Roten".

Als in den kommenden Jahren erneut das letzte Quäntchen Qualität fehlte, um wie 1999 und 2001 ganz oben im Konzert von Europas Großen mitzuspielen, setzte ein Umdenken bei den Bayern ein. Statt guter deutscher Spieler wurden nun internationale Topstars an die Isar geholt; den Anfang machte Franck Ribéry im Jahr 2007. Geschätzte 25 Millionen Euro

FC Bayern-Triumph 2013 in der Champions-League gegen Borussia Dortmund (2:1)

betrug die Ablöse für den von vielen europäischen Topklubs gejagten Franzosen, womit er zum teuersten Spieler der Bundesligageschichte wurde. In den kommenden sechs Jahren folgten Spieler wie Arjen Robben, Javi Martínez und Thiago Alcántara dem Ruf der Bayern, womit sich nicht nur Deutschlands Topkicker, sondern einige der begehrtesten Spieler der Welt auf dem Münchner Grün tummelten. Zusammen mit den Bayern-Eigengewächsen Philipp Lahm, Thomas Müller und Bastian Schweinsteiger hatte der Rekordmeister nun eine Mannschaft, die mit allen Topteams Europas mithalten konnte.

Der Erfolg sollte nicht mehr dem Zufall überlassen werden – und nach diesem Paradigmenwechsel auch nicht lange auf sich warten lassen. Nach einem kurzen, weil erfolglosen Intermezzo von Trainer Jürgen Klinsmann an der Säbener Straße führte der Niederländer Louis van Gaal die Bayern 2010 wieder ins Finale der Champions-League, wo die Münchner gegen das effiziente Defensivbollwerk von Inter Mailand aber mit 0:2 das Nachsehen hatten. Nach der Entlassung van Gaals trat Jupp Heynckes zu seiner dritten Amtszeit bei den Bayern an – er sollte die erfolgreichste Saison in der Geschichte der Bayern prägen. Doch hierfür bedurfte es erst einer erneuten Finalniederlage, diesmal sogar vor eigenem Publikum: das „Drama dahoam“ im Jahr 2012 mit der 3:4-Niederlage im Elfmeterschießen gegen den FC Chelsea.

Wie schon 1999 hatte die bittere Pleite aber eine motivierende Wirkung, denn schon in der anschließenden Spielzeit 2012/13 brach der FC Bayern alle Rekorde: Bereits am 28. Spieltag war die Meisterschaft entschieden, der Vorsprung auf den Tabellenzweiten Borussia Dortmund betrug am Ende 25 Punkte. Insgesamt fuhren die Bayern 29 Siege ein, hatten 80 Tore mehr erzielt als die Gegner und in der gesamten Spielzeit nur 18 Gegentore kassiert. Den Höhepunkt der Saison bildete der erneute Einzug in das Finale der europäischen „Königsklasse“. Auf dem Weg hatten die Bayern unter anderem den in den Vorjahren nahezu unbesiegbaren FC Barcelona mit 4:0 und 3:0 aus dem Weg geräumt. Im Endspiel von London trafen die Bayern auf den deutschen Rivalen Dortmund und behielten nach einer spannenden Partie mit 2:1 die Oberhand – erstmals hatte ein deutscher Verein das Triple aus Meisterschaft, Pokal und Champions League gewonnen. Als sich „Don Jupp“ am Ende der Saison verabschiedete, hinterließ er eine Mannschaft, die selbst den Vergleich mit der Goldenen Generation um Beckenbauer und Müller nicht scheuen musste.

Aufstieg und Fall des Uli Hoeneß

Immer wenn Uli Hoeneß mit hochrotem Kopf vor die Kameras trat, war es wieder Zeit für die Abteilung Attacke. Kaum jemand im deutschen Fußball teilte so gerne aus, polarisierte derart und war gleichzeitig so unangreifbar wie er. Die Erinnerung an den Fußballer Hoeneß ist dabei schon fast verblasst, dabei gehörte er einer Generation von Spielern an, wie sie ein Land wie Deutschland vielleicht nur alle hundert Jahre hervorbringt. Neben Franz Beckenbauer, Sepp Maier und Gerd Müller gehörte er zu den Kickern, die in den 70er-Jahren mit mehreren deutschen Meisterschaften, drei Europapokalsiegen und dem EM- und WM-Titel in die Geschichte eingingen. „Ich habe ein paar Jahre hinter mir, Jahre wie im Rausch. Ich konnte machen, was ich wollte, alles gelang mir“, sagte er rückblickend. Er galt als einer der schnellsten Spieler im Weltfußball, aber auch als einer, dem Verletzungen eine vielleicht noch größere Karriere verwehrten. Als er bei der EM 1976 einen Elfmeter in den Belgrader Nachthimmel schoss, war er bereits über seinem Zenit. Seine Kritiker behaupten süffisant, dass der Ball noch heute auf den Dächern neben dem Stadion herumliege.

Bereits mit 27 Jahren beendete Hoeneß seine aktive Laufbahn, um als Manager beim FC Bayern einzusteigen. Eigentlich war dies nur als Übergangslösung beim hoch verschuldeten Verein gedacht, doch der Abiturient verstand etwas von Zahlen, von Marketing und natürlich von Fußball. Schon als junger Spund wollte er seine Hochzeit vermarkten, 25 000 Mark forderte er für die Berichterstattung in der Presse. Damals wurde er belächelt, doch als Manager erschloss er mit Merchandising und Sponsoring neue Geldquellen für die Bayern und leistete damit Pionierarbeit für den deutschen Fußball. Als er 1982 als einziger Passagier einen Flugzeugabsturz überlebte, trug er ein Trauma davon. „Da ist der Sunnyboy in mir gestorben“, sagte er.

Den Weg zurück ins Leben fand er durch seine Arbeit beim FC Bayern. Schon zwei Wochen nach dem Unglück saß er wieder im Flieger. Eines seiner wichtigsten Projekte verwirklichte er mit dem Bau der Allianz Arena, die dem FC Bayern für lange Zeit die Zukunft sichern sollte und 2005 in Betrieb genommen wurde. Zudem fädelte er seit den 80er-Jahren zahlreiche wichtige Spielertransfers ein. Dass er oftmals mit spitzen Worten gegen seine Kontrahenten schoss, dass er seine Meinung nicht zurückhielt, gehört ebenfalls zu seinem unverwechselbaren Charakter wie die Dauerfehden mit Christoph Daum, Willi Lemke oder sogar den eigenen Fans („Ihr seid doch selbst für die scheiß Stimmung verantwortlich!“). Selbst sagt er über seine Art, mit der er immer wieder aneckte: „Ich stelle mich gerne als Buhmann hin, damit etwas in Gang kommt.“

Seine menschliche Seite bewies er mehrfach, so zum Beispiel als er den verunglückten Ex-Bayern-Profi Lars Lunde bei sich zuhause aufnahm, oder als er den alkoholabhängigen Gerd Müller bei den Bayern als Jugendtrainer anstellte und ihn so re-

Uli Hoeneß, 1973

sozialisierte. Schließlich rettete er mit einem Benefizspiel auch noch den FC St. Pauli, der ihn früher zum Klassenfeind hochstilisiert hatte. Ab 2009 wurde er zum Präsidenten des FC Bayern, 2010 auch noch zum Aufsichtsratsvorsitzenden.

Dann folgte der große Schock, für ihn persönlich und den FC Bayern: 2013 reichte Hoeneß eine Selbstanzeige wegen hinterzogener Steuern in Millionenhöhe ein; die „Affäre Hoeneß" wurde zum Topthema in Zeitungen und Talkshows, der Top-Manager der Bayern war plötzlich ein Krimineller. 2014 schließlich wurde er zu einer Gefängnisstrafe von dreieinhalb Jahren verurteilt, legte daraufhin seine Ämter beim FC Bayern nieder und erklärte: „Der FC Bayern München ist mein Lebenswerk und er wird es immer bleiben. Ich werde diesem großartigen Verein und seinen Menschen auf andere Weise verbunden bleiben, so lange ich lebe."

Die größte Niederlage seines Lebens erlitt Hoeneß also nicht auf dem Platz, sondern im Gerichtssaal. Und auch wenn seine Verdienste um den FC Bayern unbestritten sind – sein Image hat Risse bekommen. Und was noch viel schwerer wog für den Mann, der öffentlich bekannte, dass er alles, was er im Leben erreicht habe, dem FC Bayern verdanke: Er gab sein großes Werk, seinen wichtigsten Lebensinhalt, durch eigenes Verschulden aus der Hand.

Jenseits von „Rot“ und „Blau“

Natürlich ist der Münchner Fußball mehr als nur der FC Bayern und der TSV 1860 München. Andere Klubs aus der bayerischen Landeshauptstadt haben ebenfalls Eingang in die Annalen der Sportgeschichte gefunden; außerdem ist der Fußball selbstredend auch im Breitensport die Sportart Nummer eins an der Isar. Und nicht zuletzt erhalten auch fußballbegeisterte Frauen zunehmend die ihnen gebührende Aufmerksamkeit. Selbst wenn es um das Thema Migration geht, ist der Kampf um den Ball im Spiel, wie ein abschließender Streifzug durch den Münchner Fußball jenseits von „Rot“ und „Blau“ zeigen soll.

Frau kickt gut

Frauen treten schon fast genauso lange gegen den Ball wie Männer. Bereits 1884 suchte eine Frau mit dem Pseudonym Netty Honeyball in England Mitspielerinnen für eine Damenmannschaft. In Deutschland gründete Charlotte Specht 1930 den ersten Fußballklub für Frauen. „Die Männer haben sogar Steine nach uns geworfen“, erinnerte sie sich später. Mit der „Machtergreifung“ der Nationalsozialisten war das Kapitel Frauenfußball dann erst einmal beendet. Als die Herren-Nationalmannschaft 1954 Weltmeister wurde, löste das einen Fußballboom im ganzen Land aus, auch bei den Frauen.

Als DFB-Präsident Peco Bauwens den Frauenfußball untersagte, organisierten sich die Spielerinnen kurzerhand in eigenen Verbänden. Vor allem im Ruhrgebiet wurden zahlreiche Vereine gegründet – die Spiele fanden allerdings fast immer unter Ausschluss der Öffentlichkeit statt. Erst mit der 68er-Generation erfolgte der Durchbruch. Bei der ersten inoffiziellen Frauen-WM in Dänemark (1970) schieden die deutschen Frauen zwar früh aus, doch kurz danach, im selben Jahr, hob der DFB das Verbot auf. „Unsere Sportlerinnen brauchen weder ihre Beine hinter Maxiröcken zu verbergen, noch ihre Füße dem populärsten Sport der Welt länger vorenthalten", schrieb der „kicker".

Mit dem FC Bayern und dem FC Wacker nahmen ab 1970 auch zwei Münchner Vereine erfolgreich am Geschehen teil. Zunächst schickten sich die Bayern-Damen an, es den Herren gleichzutun, und gewannen 1976 die Deutsche Meisterschaft. Vor allem auf Landesebene waren sie das Maß aller Dinge, 19 Mal in Folge gewannen sie zwischen 1972 und 1990 die Bayerische Meisterschaft. Als 1990 die Frauen-Bundesliga ins Leben gerufen wurde, gehörten sie folgerichtig zu den Gründungsmitgliedern. Nach einem zwischenzeitlichen Abstieg zählt der FC Bayern auch im Frauenfußball nun wieder zu den besten Mannschaften Deutschlands.

Der FC Wacker München richtete wie der FC Bayern sofort nach der Aufhebung des DFB-Verbotes eine Frauenmannschaft ein. 1992 und 1994 gelang den Wacker-Damen sogar der Aufstieg in die 1. Bundesliga; beide Male währte das Glück im Oberhaus jedoch nur eine Spielzeit. 1999 machte sich die Frauen-Abteilung selbstständig und trat unter dem neuen Namen FFC Wacker München auf. Bekannt ist der Verein vor allem für die Nachwuchsarbeit; Torhüterin Nadine Angerer, die als Weltfußballerin 2013 ausgezeichnet wurde, spielte hier von 1996 bis 1999. Mit rund 200 aktiven Spielerinnen zählt der FFC Wacker heute außerdem zu den größten Frauenfußballvereinen in ganz Deutschland. Seit 2005 kooperiert der Klub mit dem TSV 1860 München. Neben den Bayern und Wacker gibt es noch mehr als 20 weitere Frauen-Fußballabteilungen in München; der Statistik nach bietet damit mittlerweile jeder achte Fußballverein in München Frauenfußball an.

Kleine Klubs im Rampenlicht

Mit der SpVgg Unterhaching gibt es im südlichen Münchner Landkreis einen Traditionsklub, der ebenfalls schon Bundesligaluft schnuppern durfte, wenn auch nur kurz. Der Verein

„München eine Sportstadt? Die Realität sieht anders aus!"

Georg Kruppa arbeitete in der Vergangenheit als Trainer von Frauenmannschaften und ist seit zwölf Jahren sportlicher Leiter und Vorstandsmitglied beim FFC Wacker München. Ein Gespräch über Chancen und Probleme des Frauenfußballs in München.

Frauenfußball war bis 1970 beim DFB nicht erwünscht. Wurde davor dennoch von Frauen Fußball gespielt?
Tatsächlich weiß man, dass erst ab 1970 großflächig Frauenmannschaften gegründet wurden, in München zum Beispiel vom FC Bayern und FC Wacker. Über Frauenspiele vor dieser Zeit ist nur sehr wenig bekannt, da die meisten Begegnungen unter Ausschluss der Öffentlichkeit stattfanden.

Nachdem der DFB 1970 offiziell den Frauenfußball zugelassen hatte, gründeten sich viele Frauenfußballabteilungen. War der Frauenfußball damit auch schon gesellschaftlich akzeptiert?
Nein, das war noch lange nicht der Fall. Der beste Beweis ist die Aussage von Franz Beckenbauer, der noch Jahre später sagte: „Frauen gehören nicht auf den Fußballplatz, Frauen gehören an den Herd."

Welche Rolle spielt die mediale Präsenz von Frauenfußball für die Akzeptanz des Sports?
Vor allem die Erfolge der Deutschen Frauen-Nationalmannschaft in den vergangenen Jahren spielen eine große Rolle. Das merken auch wir hier in München. Die Menschen haben erkannt: Auch Frauen können anspruchsvollen, technisch hervorragenden Fußball spielen.

Wie hat sich der Zahl der aktiven Spielerinnen seit den 70er-Jahren entwickelt?
Die Zahl der Fußball spielenden Frauen geht seit Jahren stetig nach oben. Wir beim FC Wacker mussten sogar einen Aufnahmestopp aussprechen, da wir nicht mehr Fußballerinnen aufnehmen können.

Vor welchen Problemen steht der Frauenfußball heute noch?
Wenn sie sich die Spielerinnen in der 1. Bundesliga ansehen: Nur wenige von ihnen sind Vollprofis, die anderen gehen noch

einem geregelten Beruf nach. Da sind große, finanzstarke Vereine natürlich klar im Vorteil. Der FC Bayern beispielsweise trainiert sieben Mal die Woche und stellt den Spielerinnen einen Arbeitsplatz bei Sponsoren zur Verfügung. Außerdem holt der FC Bayern im Umkreis von 200 Kilometern eigentlich alle begabten Spielerinnen zu sich. Das macht den anderen Vereinen zu schaffen und zerstört auch ein Stück weit den Wettbewerb.

Und wie sieht es mit der Infrastruktur für den Frauenfußball in München aus?
Die Politiker behaupten zwar immer, München sei eine Sportstadt, doch die Realität sieht anders aus. Wir spielen zum Beispiel auf einer Bezirkssportanlage, die an ihre Kapazitätsgrenzen stößt. Auch sind Dinge wie sanitäre Anlagen oftmals hoffnungslos veraltet. Das sind Probleme, die im Amateurbereich vieles erschweren und unter denen auch der Frauenfußball zu leiden hat.

Früher galt der Fußball oft als sehr männlich konnotierter Sport. Doch die Zeit der „Rasenpanzer" ist vorbei, wie der technische und erfolgreiche Fußball von Bayern-Trainer Pep Guardiola zeigt. Ist das eine Entwicklung, die auch dem Frauenfußball zugutekommt?
Ich selbst bin damals belächelt worden, als ich gesagt habe, ich werde Trainer einer Frauenmannschaft. Der Fußball bei Frauen ist natürlich weniger von Körperkontakt geprägt, aber genauso technisch anspruchsvoll. Dass nun auch die Entwicklung zum Beispiel beim FC Bayern in diese Richtung geht, kommt uns natürlich entgegen. Bei Frauen und Männern geht die Tendenz klar in Richtung Technik und Athletik, die kämpfenden „Rasenpanzer" sind hier wie da ein Auslaufmodell.

---

wurde 1925 gegründet, doch mit der „Machtergreifung" der Nationalsozialisten 1933 wurde er wegen „politischer Unzuverlässigkeit" aufgelöst. Erst 1945 rollte der Ball beim Münchner Vorortklub wieder, bis in die 70er-Jahre ausschließlich im Amateurbereich. Unter Präsident Engelbert Kupka, der dem Verein von 1973 bis 2013 vorstand, ging der Weg der Hachinger aber stetig nach oben. In wenigen Jahren gelang der Durchmarsch von der B-Klasse bis in die Bayernliga, 1989 wurde bei der Spielvereinigung mit dem Aufstieg in die 2. Bundesliga erstmals professioneller Fußball gespielt. 1999 folgte der sensationelle Aufstieg in das Fußballoberhaus, und Unterhaching konnte sich trotz seines Status als absoluter Underdog immerhin zwei Jahre lang dort halten. Am Ende ihrer ersten Bundesligasaison leisteten die Hachinger sogar dem großen FC Bayern Schützenhilfe, als sie am letzten Spieltag mit 2:0 gegen Bayer Leverkusen gewannen und den Bayern damit die Meisterschaft ermöglichten. In der zweiten Erstligaspielzeit schlug die SpVgg im Hachinger Sportpark sowohl den FC Bayern als auch den TSV 1860 München, musste am Ende aber wieder Abschied nehmen und stieg in die 2. Bundesliga ab. Nach einem weiteren Abstieg kämpft der Verein seit mehreren Jahren um die Rückkehr in die 2. Bundesliga – und darum, vielleicht ein zweites Mal den „Roten" und „Blauen" Konkurrenz zu machen. Kult ist der Verein seit seiner Bundesligazeit dennoch.

Titelstorys im „Spiegel" und „Stern", Tausende Besucher bei Heimspielen, Sprungbrett für große Stars – die Rede ist vom SV Türk Gücü München, der ebenfalls für ein paar Jahre im Rampenlicht stand. 1972 von türkischen Migranten gegründet, wuchs der Verein ständig und machte bald sportlich von sich reden: 1988 gelang Türk Gücü – der Name bedeutet übersetzt „türkische Macht" – der Aufstieg in die Bayernliga. Nach Türkiyemspor Berlin war der Münchner Klub damit erst der zweite Migrantenverein in Deutschland, dem der Aufstieg in eine Amateur-Oberliga gelang. Zeitweise durfte der Verein, bei dessen Heimspielen es statt Bratwurst türkische Grillspezialitäten gab, sogar von der 2. Bundesliga träumen. Nicht nur in Deutschland, auch in der Türkei sorgte Türk Gücü mit diesen Erfolgen für Aufsehen; türkische Spitzenklubs wie etwa Besiktas Istanbul gastierten für Trainings- oder Freundschaftsspiele in München. Neben den Bayern und 1860 war der Verein in seiner Blütezeit die dritte Größe im Münchner Fußball, zu den Derbys gegen Großhadern oder die Löwen kamen über zehntausend Besucher ins Grünwalder Stadion. Bei einem Hallenturnier des FC Bayern, an dem klangvolle Namen wie Ajax Amsterdam, PSV

Eindhoven und Galatasaray Istanbul teilnahmen, wurde Türk Gücü Dritter. Der Pokal kann seitdem beim türkischen Generalkonsul in München bestaunt werden.

Der Verein stand neben dem sportlichen Erfolg auch für mustergültige Integrationsarbeit, schließlich waren es die erste und zweite Gastarbeiter-Generation mit ihren Kindern, die hier demonstrierten, dass man sich mit sportlichen Leistungen gesellschaftliche Anerkennung erkämpfen kann. Natürlich gab es in den Spielen mit Beteiligung von Türk Gücü auch unschöne Vorkommnisse, im schlimmsten Fall rassistische Beleidigungen. Die Antwort der Spieler: Vor manchen Spielen ließen sie Friedenstauben steigen. Für einige von ihnen war der Verein ein Sprungbrett zu einer großen Karriere, zum Beispiel für Erhan Önal, der zum FC Bayern wechselte und 1977 zum ersten Migrantenkind türkischer Abstammung in der Bundesliga wurde. Doch nicht nur türkischstämmige Spieler waren bei Türk Gücü aktiv, sondern alle Nationalitäten waren willkommen. Torwart Gerald Hillringhaus zum Beispiel, ein waschechter Münchner, spielte einige Jahre hier, bevor er es beim FC Bayern zum Bundesligaspieler brachte. Oder Bernhard Winkler, der später lange Jahre für die Löwen stürmte. Mit Cacau legte sogar ein späterer deutscher Nationalspieler hier die Grundlagen für seine Karriere.

2001 ging der Verein jedoch in den Konkurs – in den Erfolgsjahren war zu viel Geld ausgegeben worden, ohne nachhaltig zu investieren, etwa in den Bau eines eigenen Trainingsgeländes. Mit dem SV Türkgücü-Ataspor München gibt es einen Nachfolgeverein, doch die integrative Kraft des Fußballs ist inzwischen ohnehin zu einem Phänomen geworden, das nicht mehr nur auf den Schultern der Migrantenklubs ruht. Der Bayerische Fußballverband geht davon aus, dass etwa 50 Prozent aller Spieler in den Jugendmannschaften einen Migrationshintergrund aufweisen. Auch aus der deutschen Nationalmannschaft sind Spieler wie Mesut Özil oder Jérôme Boateng nicht mehr wegzudenken – eine Entwicklung, deren Pioniere Vereine wie der SV Türk Gücü München waren.

Fußball als Breiten- und Hobbysport

Im Amateurbereich ist Fußball, wie zu erwarten, die Sportart Nummer eins in München. Im Jahr 2012 waren 161 Fußballvereine mit knapp 34 000 aktiven Mitgliedern bei der Stadt München gemeldet. Zählt man den Landkreis hinzu, kommt man gar auf etwa 250 Fußballvereine, die jedes Wochenende unzählige Zuschauer und Spieler auf die Fußballplätze locken. Neben dem offiziellen Spielbetrieb haben sich in München auch zwei Hobby-Spielklassen gebildet, in denen ohne Spielerpässe gekickt wird, aber fast genauso ambitioniert: die Münchner Hobby Liga und die Royal Bavarian Liga. Letztere ist bereits über 25 Jahre alt und eine der größten Freizeitfußballligen in Deutschland. Ihre Struktur ist dabei verblüffend: Über 150 Mannschaften nehmen am selbst organisierten Spielbetrieb teil, zwischen 1. und 5. Liga geht es um den Auf- oder Abstieg und den Pokalsieg. Nur die Namen der Mannschaften wie „Don Promillos", „Würmtal Chaos" oder „FC Blutgrätscher" verraten, dass hier auch der Spaß nicht zu kurz kommen darf – was nicht heißt, dass kein packender Fußball geboten würde.

Darüber hinaus wird natürlich auch auf den Pausenhöfen, den Bolzplätzen und in den Münchner Parks fast jeden Tag gegen den Ball getreten. Wer an einem sonnigen Wochenendtag über die Werneckwiese im Englischen Garten geht, wird annähernd so viele Fußballer in Trikots aus aller Welt wie faulenzende Sonnenanbeter vorfinden. Sogar Bayern-Star Bastian Schweinsteiger wurde hier schon beim Freizeitkick gesichtet. Womit auch schon das verbindende Element zwischen der Champions League in der Allianz Arena und dem Hobbykick im Park gefunden wäre: Es ist die Magie des Spiels mit dem Ball, die die Menschen an der Isar seit nunmehr über 100 Jahren in ihren Bann zieht. Nach dem Spiel ist bekanntermaßen vor dem Spiel – vor allem in München.

Zeittafel

1896 Der erste Münchner Fußballverein „Terra Pila“ wird gegründet.

1899 Die Fußballabteilung des TSV 1860 München wird ins Leben gerufen.

1900 Der DFB wird gegründet, unter den Mitgliedern der ersten Stunde sind die Münchner Vereine 1. Münchner FC 1896, FC Nordstern 1896 und FC Bavaria 1899.
Der FC Bayern München wird gegründet.

1902 Das erste Stadtderby zwischen dem TSV 1860 München und dem FC Bayern endet mit 3:0 für die Löwen.

1911 Das erstes Fußball-Länderspiel auf Münchner Boden findet statt (Deutschland – Ungarn 1:4).
An der Grünwalder Straße errichtet der TSV 1860 München einen Sportplatz, der später zum Grünwalder Stadion ausgebaut wird.

1922 Der FC Wacker wird als erster Münchner Verein Süddeutscher Meister.

1932 Der FC Bayern wird erstmals Deutscher Meister.

1933 Der DFB fordert die Vereine auf, jüdische Mitglieder auszuschließen. Beim FC Bayern München muss unter anderem Präsident Kurt Landauer seinen Posten abgeben.

1937 Die Stadt München kauft das Grünwalder Stadion, um den TSV 1860 München vor dem Ruin zu retten.

1942 Der TSV 1860 München holt mit dem Sieg im Tschammer-Pokal seinen ersten nationalen Titel.

1943 Das Grünwalder Stadion wird bei einem Bombenangriff zerstört.

1945 Der FC Bayern und der TSV 1860 München bestreiten das erste große Fußballspiel der deutschen Nachkriegszeit (4:0).

1948 Bei der Partie TSV 1860 München – 1. FC Nürnberg (2:1) wird mit 60 000 Besuchern der bis heute gültige Zuschauerrekord im Grünwalder Stadion aufgestellt.

1955 Der FC Bayern steigt zum einzigen Mal in seiner Geschichte ab.

1963 Die erste Bundesligasaison startet. Mit dabei: der TSV 1860 München, nicht aber der FC Bayern.

1965 Der FC Bayern steigt in die Bundesliga auf.

1966 Der TSV 1860 München gewinnt seinen ersten und bis heute einzigen Meistertitel.

1967 Der FC Bayern gewinnt seinen ersten internationalen Titel, den Europapokal der Pokalsieger.

1972 Das Münchner Olympiastadion wird eröffnet und löst das Grünwalder Stadion als Hauptspielort in München ab.

1973 Beim Regionalligaspiel TSV 1860 München – FC Augsburg (1:1) wird mit geschätzten 100 000 Menschen im Olympiastadion ein bis heute gültiger Zuschauerrekord für Münchens Fußball aufgestellt.

1974 Die Bundesrepublik Deutschland wird im Münchner Olympiastadion Fußball-Weltmeister.

1982 Dem TSV 1860 München wird wegen Finanzproblemen die Lizenz für den Profifußball entzogen, es folgt der Zwangsabstieg in die Bayernliga.

1994 Der TSV 1860 München marschiert als erster Verein von der Bayernliga bis in die Bundesliga durch.

2005 Die Allianz Arena wird zur neuen Heimat des TSV 1860 und des FC Bayern München.

2013 Der FC Bayern München gewinnt als erster deutscher Verein das Triple aus Meisterschaft, Pokal und Champions League.

2014 Der FC Bayern München feiert bereits am 27. Spieltag die Deutsche Meisterschaft – so früh wie kein anderer Verein in der Bundesligageschichte.

Literaturverzeichnis

ANGERMAIR, ELISABETH: Die Anfänge des Fußballspiels in München. In: Fußball in München. Von der Theresienwiese zur Allianz-Arena, hg. v. Stadtarchiv München. München 2006, S. 10–37

BEER, ROMAN: Kultstätte an der Grünwalder Straße. Die Geschichte eines Stadions. Göttingen 2004

BEER, ROMAN: Von der Wies'n zur Arena. Die Geschichte der Münchner Fußballstadien. In: Fußball in München. Von der Theresienwiese zur Allianz-Arena, hg. v. Stadtarchiv München. München 2006, S. 172–199

BEHRINGER, WOLFGANG: Kulturgeschichte des Sports. Vom antiken Olympia bis zur Gegenwart. München 2012

BRINKER, HELMUT: Laozi flankt, Konfuzius dribbelt. China scheinbar abseits: Vom Fussball und seiner heimlichen Wiege. Bern 2006

EISENBERG, CHRISTIANE: Fußball als globales Phänomen. Historische Perspektiven. In: Politik und Zeitgeschichte, hg. v. der Bundeszentrale für politische Bildung. Bonn 2004, S. 7–15

FISCHER, GERHARD UND LINDNER, ULRICH: Stürmer für Hitler. Vom Zusammenspiel zwischen Fußball und Nationalsozialismus. Göttingen 1999

GÖTZ, FERDINAND: Handbuch der Deutschen Turnerschaft, 2. Aufl. Hof 1884

GRENGEL, RALF UND JOCKENHÖFER, RAFAEL: 100 Jahre FC Bayern München, hg. v. FC Bayern München. Berlin 2000

GRÜNE, HARDY UND MELCHIOR, KLAUS: Die Löwen. Die Fußball-Geschichte des TSV München von 1860. Göttingen 2012

HARINGER, SIGI: Ich spielte gegen die Besten der Welt. München 1956

HAVEMANN, NIELS: Fußball unterm Hakenkreuz. Der DFB zwischen Sport, Politik und Kommerz. Frankfurt/Main 2005

HEIMERS, MANFRED PETER: Freizeitkicker und Vereinsaktive. Fußball als Breitensport in München nach 1945. In: Fußball in München. Von der Theresienwiese zur Allianz-Arena, hg. v. Stadtarchiv München. München 2006, S. 100–129

HERZOG, MARKWART: „Eigenwelt" Fußball. Unterhaltung für die Massen. In: Fußball zur Zeit des Nationalsozialismus. Alltag, Medien, Künste, Stars, hg. v. Markwart Herzog. Stuttgart 2008, S. 11–36

INGLI, SIMON: Engineering Archie. Archibald Leitch – Football Ground Designer. London 2005

LÖFFELMEIER, ANTON: Fußballvereine, Geld und Politik. Die Geschichte des Münchner Fußballs von 1919 bis 1945. In: Fußball in München. Von der Theresienwiese zur Allianz-Arena, hg. v. Stadtarchiv München. München 2006, S. 38–77

LÖFFELMEIER, ANTON: Die „Löwen" unterm Hakenkreuz: Der TSV von 1860 München im Nationalsozialismus. Göttingen 2009

OBERSCHELP, MALTE: Der Fußball-Lehrer. Wie Konrad Koch im Kaiserreich den Ball ins Spiel brachte. Göttingen 2010
RADTKE, ARMIN: Olympiastadion München. Fußballgeschichte unter dem Zeltdach. Göttingen 2005
RINGELNATZ, JOACHIM: Und auf einmal steht es neben dir. Gesammelte Gedichte. Berlin 1959
ROSENSTEIN, MARCUS: Das Ballsport Lexikon: Die Ball- und Kugelspiele der Welt. Berlin 1997
SCHULZE-MARMELING, DIETRICH: Der FC Bayern und seine Juden. Aufstieg und Zerschlagung einer liberalen Fußballkultur. Göttingen 2011
SCHULZE-MARMELING, DIETRICH: Fußball. Zur Geschichte eines globalen Sports. Göttingen 2000
SCHWAB, INGO: München in den Zeiten der Oberliga Süd (1945–1963). In: Fußball in München. Von der Theresienwiese zur Allianz-Arena, hg. v. Stadtarchiv München. München 2006, S. 78–99
SCHWAB, INGO: Die Münchner Vereine in den Zeiten der Fußball-Bundesliga (1963–2004). In: Fußball in München. Von der Theresienwiese zur Allianz-Arena, hg. v. Stadtarchiv München. München 2006, S. 130–171.
SOLMSDORF, CHRISTOPHER: Die Geschichte des Fußballs: Vom Strohball zur Bundesliga. Der Weg vom historischen Ballspiel bis in die Neuzeit. Hamburg 2012
STEMMLER, THEO: Kleine Geschichte des Fußballspiels. Frankfurt 1998
TAUBER, PETER: Vom Schützengraben auf den grünen Rasen: Der Erste Weltkrieg und die Entwicklung des Sports in Deutschland. Berlin 2008

Bildnachweis

Archiv FC Teutonia: 27, 35, 53 (Presse Bild Verlag Gerhard Graeber, München)
Bayerische Staatsbibliothek, München: 52 (Archiv Hoffmann), 64 (Archiv Hoffmann)
dpa picture alliance: 77, 95, 109
http://commons.wikimedia.org: 14
Horst Müller (Pressebilderdienst HORSTMÜLLER GmbH): 89, 105, 113, 117, 118
Robert Schöffel: 23, 28, 72, 80
Stadtarchiv München: 33, 38/39
Süddeutsche Zeitung Foto: 84 (Horstmüller)
Verlag die Werkstatt: 11

Umschlagmotive: *Vorderseite:* Lokalderby im Jahr 1966: Beckenbauer köpft vor Brunnenmeier. (Aufnahme: Pressebilderdienst HORSTMÜLLER GmbH); *Rückseite:* Die Allianz Arena, beleuchtet in den Farben der „Roten“ und „Blauen“ (Aufnahme: Torsten Bogdenand, Salzgitter)

Bibliografische Information der
Deutschen Nationalbibliothek

Die Deutsche Nationalbibliothek verzeichnet diese Publikation in der Deutschen Nationalbibliografie; detaillierte bibliografische Angaben sind im Internet über http://dnb.d-nb.de abrufbar.

ISBN 978-3-7917-2607-6

Reihen-/Umschlaggestaltung und Layout: Martin Veicht, Regensburg
Satz: Vollnhals Fotosatz, Neustadt a. d. Donau
Druck und Bindung: Friedrich Pustet, Regensburg
Printed in Germany 2014

Diese Publikation ist auch als Ebook erhältlich:
eISBN 978-3-7917-6037-7 (epub)

Weitere Publikationen aus unserem Programm
finden Sie auf www.verlag-pustet.de
Kontakt und Bestellungen unter verlag@pustet.de